Constantin Ettingshausen

Die genetische Gliederung der Flora Australiens

Constantin Ettingshausen

Die genetische Gliederung der Flora Australiens

ISBN/EAN: 9783744622486

Hergestellt in Europa, USA, Kanada, Australien, Japan

Cover: Foto ©berggeist007 / pixelio.de

Weitere Bücher finden Sie auf **www.hansebooks.com**

DIE GENETISCHE GLIEDERUNG DER FLORA AUSTRALIENS.

VON

Prof. Dr. CONSTANTIN Freiherrn von ETTINGSHAUSEN.

CORRESPONDIRENDEM MITGLIEDE DER KAISERLICHEN AKADEMIE DER WISSENSCHAFTEN.

VORGELEGT IN DER SITZUNG AM 17. DECEMBER 1874.

WIEN.

AUS DER KAISERLICH-KÖNIGLICHEN HOF- UND STAATSDRUCKEREI.

IN COMMISSION BEI KARL GEROLD'S SOHN,
BUCHHÄNDLER DER KAISERLICHEN AKADEMIE DER WISSENSCHAFTEN.

1875.

SEPARATABDRUCK AUS DEM XXXIV. BANDE DER DENKSCHRIFTEN DER MATHEMATISCH-NATURWISSENSCHAFTLICHEN CLASSE DER KAISERLICHEN AKADEMIE DER WISSENSCHAFTEN.

DIE GENETISCHE
GLIEDERUNG DER FLORA AUSTRALIENS.

VON

PROF. DR. CONSTANTIN FREIHERRN VON ETTINGSHAUSEN,

CORRESPONDIRENDEM MITGLIEDE DER KAIS. AKADEMIE DER WISSENSCHAFTEN.

VORGELEGT IN DER SITZUNG DER MATHEMATISCH-NATURWISSENSCHAFTLICHEN CLASSE AM 17. DECEMBER 1874.

A. Allgemeines.

Mit der Systematik und Geographie der Pflanzen eines Gebietes ist die Kenntniss der Flora desselben noch keineswegs erschöpft. Die Leistungen in den genannten Zweigen der Botanik haben bis jetzt zwar ein sehr grosses Material aufgehäuft, welches aber erst als die Grundlage zur Lösung wichtigerer Fragen betreffend den genetischen Zusammenhang der Pflanzenformen und die Entwicklungsgeschichte der Floren überhaupt zu betrachten ist. Letztere kann nur durch die Erforschung der früheren Phasen der Pflanzenwelt, aus den in den Erdschichten zu Tage geförderten Ueberresten urweltlicher Floren, in ihren Hauptzügen festgestellt werden. Sind einmal diese gewonnen, so ist auch die Zeit gekommen zur Verwerthung des systematischen und pflanzengeographischen Materials. Dann vermögen wir die Zusammensetzung der natürlichen Floren zu verstehen und ihre Glieder in Verbindung zu bringen mit denen ihrer vorhergehenden Entwicklungsstufen.

Wir befinden uns noch im Anfange solcher Forschungen; doch lässt sich auf Grundlage der bis jetzt gewonnenen Erfahrungen heute schon jede der gegenwärtigen Floren wenigstens nach ihren ursprünglichen Bestandtheilen, nach ihren Elementen, abgliedern.

Die sorgfältigen Untersuchungen der Pflanzenfossilien aus der Tertiärformation haben mit unwiderlegbarer Beweiskraft festgestellt, dass zur Zeit des Absatzes ihrer Schichten die jetztweltlichen natürlichen Floren noch nicht gebildet waren, dass aber die Flora dieser Erdbildungsperiode bereits die Elemente aller dieser Florengebiete in sich vereinigte. So waren in der Tertiärflora Europa's nicht bloss europäische, sondern Pflanzenformen aller Welttheile enthalten. Das Gleiche gilt von allen anderen Tertiärfloren. Wir haben auch dem Ursprunge der Florenelemente nachgeforscht und gefunden, dass in der Flora der Kreideperiode bereits zwei dieser Elemente sich deutlich erkennen lassen, nämlich das neuholländische und das chinesisch-japanesische. Neben den genannten Florenelementen können in der Kreideflora nur noch zwei Vegetationselemente (das der gemässigten und das der Tropenzone) unterschieden werden, aus deren Differenzirung erst nach Ablauf der Kreidezeit die übrigen tertiären Florenelemente hervorgegangen sind. Durch die weitere Differenzirung dieser Florenelemente, welche in den verschiedenen Theilen der Erde je nach den klimatischen und

1*

örtlichen Bedingungen und je nach dem in der Natur der Pflanze selbst liegenden Bildungstriebe in verschiedener Weise vor sich ging, entstanden die jetztweltlichen natürlichen Floren. (S. Sitzungsber. Bd. LXIX, I. Abth. S. 219 und a. a. O. S. 510.)

Gewöhnlich hat sich in einem Gebiete nur Ein Florenelement, das Hauptelement, vorwiegend entwickelt, während die übrigen Elemente sich weniger ausbildeten. Diese letzteren, die Nebenelemente, erscheinen dann in den Hintergrund gedrängt oder verwischt; es bildete sich dadurch der Charakter des Florengebietes heraus. In jeder natürlichen Flora kann man aber Haupt- und Nebenelement, wenn auch diese mannigfaltig sich differenzirt haben, unterscheiden und demnach die genetischen Glieder derselben bestimmen. Ich bezeichne diese Florenglieder nach den Elementen, durch deren Entwicklung sie hervorgegangen sind, und die letzteren nach jenen Erdtheilen, in welchen dieselben ihre grösste Entwicklung erreicht, wo sie also die Hauptglieder der betreffenden Floren erzeugt haben.

Sind Gattungen oder Arten nur Bestandtheile Eines Hauptelements, gehören sie also nur Einer Flora an, so bezeichne ich dieselben als entyp; sind sie in zwei oder mehreren Hauptelementen verschiedener Floren zugleich enthalten, so nenne ich die Gattungen oder Arten di-, pleio- oder polytyp. Es gibt Gattungen, welche nur Einem Hauptelement angehören, jedoch in gewissen Floren einen Bestandtheil des entsprechenden Nebenelements bilden, solche nenne ich eugenetisch; sind aber Gattungen in zwei oder mehreren Floren Haupt-, in anderen Nebenbestandtheile, dann sind sie als polygenetisch zu bezeichnen.

In allen vorgenannten Fällen wird vorausgesetzt, dass Thatsachen zufolge die betreffenden Pflanzenformen für die Tertiärflora nachgewiesen sind, also Florenelementen angehört haben. Alle Ordnungen, Gattungen und Arten, welche für die Tertiärflora bis jetzt nicht entdeckt werden konnten, sind als posttertiär anzunehmen, wenn nicht aus besonderen Gründen gemuthmasst oder erschlossen werden kann, dass sie bereits in der Tertiärzeit existirt haben. Sie können aber auf gewisse Florenelemente, aus deren Differenzirung sie hervorgegangen sind, zurückgeführt werden. Sind dies Hauptelemente, so wären sie als abgeleitete Haupt-, sind es Nebenelemente, als abgeleitete Nebenbestandtheile im Gegensatze zu den ursprünglichen oder primären zu bezeichnen. Auch können die Ausdrücke entyp, dityp, pleiotyp u. s. w. auf dieselben übertragen werden.

Die abgeleiteten, insbesondere die Nebenbestandtheile, sind oft angemessen den verschiedenen klimatischen und örtlichen Bedingungen verändert. Ist diese ihre Umbildung aus den Gliedern der ursprünglichen Elemente charakterisirend für eine Flora, so heissen sie specifisch transmutirte Bestandtheile.

Mit vorliegender Abhandlung übergebe ich dem wissenschaftlichen Publikum den ersten Versuch der Gliederung einer natürlichen Flora nach ihren Florenelementen. Ich habe hiefür die Flora von Australien gewählt, welche, seitdem ich die erste Wahrnehmung neuholländischer Pflanzenformen unter den Resten der Tertiärflora gemacht, mein Lieblingsstudium geworden ist.

In der Flora Australiens lassen sich das Haupt- oder australische, das ostindische, das oceanische, das amerikanische, das afrikanische und das europäische Florenglied, welche durch Differenzirung der gleichnamigen Florenelemente entstanden sind, unterscheiden.

Das australische Florenelement, welches, wie ich zeigte, seinen Ursprung schon in der Kreideperiode genommen, war als ein integrirender Bestandtheil der noch sehr einförmigen Flora dieser Erdbildungsperiode über den ganzen Erdball verbreitet und erreichte in der Tertiärzeit ohne Beschränkung seiner gewonnenen räumlichen Entfaltung eine weitere Differenzirung und Ausbildung. Bis zu welchem Grade letztere im Laufe der Tertiärperiode in Australien selbst fortgeschritten war, lässt sich vorläufig nicht bestimmen, da die Erforschung der Tertiärflora dieses Welttheiles heute noch ein frommer Wunsch der Wissenschaft ist. Man kann aber wohl mit Sicherheit wenigstens annehmen, dass das tertiäre Entwicklungsstadium des genannten Elements in Australien nicht hinter dem Niveau des Europa's zurückgeblieben sein wird. Überblickt man nun den Formeninhalt des uns aus der europäischen Tertiärflora bekannt gewordenen australischen Florenelements, welchen ich in der Abhandlung „Zur Entwicklungsgeschichte der Vegetation der Erde" a. a. O. S. 228 nach vorgenommener genauerer Prüfung und Sichtung zusammenstellte, so entnimmt man, dasvorwiegend die auch in der jetzigen australischen Flora vorherrschenden Familien die Bestandtheile desselben bilden. Die Entwicklung dieses vorzugsweise aus Proteaceen, Myrtaceen, Leguminosen, Santalaceeen und Casuarineen bestehenden Florenelements hatte eben nur in Australien den weitesten Spielraum gefunden. Sie lieferte die Mehrzahl seiner endemischen Pflanzenbildungen. Jedoch darf nicht übersehen werden, dass eben auch nicht wenige andere Ordnungen, kurz alle Hauptabtheilungen des Systems in ihm repräsentirt erscheinen. Höchst wahrscheinlich aber hat das australische Florenelement zur Tertiärzeit in Australien einen weit grösseren Reichthum an Pflanzenformen enthalten als in Europa, wo es nur Nebenelement war. Aus den typischen und eugenetischen Formen desselben gingen die Charakterpflanzen der heutigen neuholländischen Flora hervor, deren Gattungen im Folgenden aufgezählt sind.

Ueberblickt man den Formengehalt des aus der Entwicklung dieses Elements in Australien hervorgegangenen Hauptflorengliedes, so gewahrt man vor Allem, dass in demselben sämmtliche grösseren Abtheilungen des Systems sehr reichhaltig repräsentirt sind. Die Mehrzahl der Ordnungen enthält eigenthümliche Gattungen. Die meisten solcher Ordnungen, welche auch Nebengliedern zukommen, sind weit formenreicher als in diesen vertreten, so besonders die Leguminosen, Myrtaceen, Rutaceen, Compositen und Sterculiaceen. Eine Ausnahme hiervon machen einige hauptsächlich im tropischen Australien reichlicher repräsentirten, vorzugsweise dem ostindischen Florengliede zufallenden Ordnungen, wie die Rubiaceen, Apocynaceen, Laurineen. Die zahlreichen Ordnungen des Hauptflorengliedes, welche den Nebengliedern fehlen, sind aus der beifolgenden Tabelle II zu entnehmen.

Das Hauptflorenglied ist nicht in allen Gebieten des Continents in gleichem Grade ausgebildet. Die grösste Entfaltung zeigt es in West-Australien, die geringste im tropischen Australien, wo dasselbe bezüglich der Zahl an Polypetalen- und Monopetalen - Gattungen von dem ostindischen Florengliede übertroffen wird. In beiden Gebieten herrschen die Polypetalen, in Ost-Australien aber die Monopetalen vor. Es verhalten sich die Gattungen West-Australiens zu denen Ost-Australiens, und zwar die Thalamifloren wie 2·1 : 1, die Discifloren wie 1·2 : 1, die Calycifloren wie 1·6 : 1, die Monopetalen wie 1·04 : 1, die Monochlamydeen wie 1·1 : 1, die Gymnospermen aber wie 1 : 2 und die Monocotyledonen wie 1 : 1·2. In demselben Florengliede verhalten sich die Gattungen des tropischen Australien zu denen des aussertropischen und zwar die Thalamifloren und die Discifloren wie 1 : 2·1, die Calycifloren wie 1 : 2·7, die Monopetalen wie 1 : 3·1, die Monochlamydeen wie 1 : 2·4, die Gymnospermen wie 1 : 2 und die Monocotyledonen wie 1 : 1·6.

Wie aus dem Vorhergehenden nothwendig folgt, musste die Tertiärflora Australiens ausser dem genannten Hauptelement noch andere (Neben-) Elemente enthalten haben. Nach dem Inhalt der uns bis jetzt bekannten Tertiärfloren zu schliessen, dürften dieser Flora auch Familien und Gattungen angehört haben, welche wir heutzutage in Neuholland vermissen. Ein bedeutender Theil dieser Nebenelemente mag, durch die vorwiegende Entfaltung des Hauptelements verdrängt, nicht in die gegenwärtige Flora Neuhollands übergegangen sein. Doch verdankt ein keineswegs geringer Theil der jetzigen australischen Vegetation seinen Ursprung der weiteren Entwicklung von Nebenelementen. Dies beweisen die endemischen Repräsentanten des Monsumgebietes, Oceaniens, der amerikanischen und der europäischen Florengebiete, sowie der Cap-Flora in der Flora Neuhollands.

Das aus dem ostindischen Nebenelement entwickelte Florenglied nimmt in der Flora Neuhollands einen hervorragenden Platz ein. Zu diesem gehören vorerst eine namhafte Anzahl von endemischen Arten, welche ostindischen oder im allgemeinen Arten des Monsumgebietes zunächst verwandt oder wenigstens sehr analog sind. Dieselben zählen zu den Gattungen *Cochlospermum, Scopolia, Polygala, Hibiscus, Echinocarpus, Elaeocarpus, Evodia, Clausena, Atalantia, Ailanthus, Canarium, Celastrus, Spondias, Dalbergia, Bauhinia, Pariuarium, Metrosideros, Rhodamnia, Randia, Webera, Diplospora, Morinda, Spermacoce, Glossogyne, Myrsine, Diospyros, Symplocos, Ligustrum, Carissa, Strychnos, Porana, Buchnera, Striga, Ruellia, Justicia, Eranthemum, Premna, Clerodendron, Myristica, Phalerin, Elatostemon, Cycas* und *Liparis*. Die folgenden sind bezeichnende Gattungen der Flora des Monsumgebietes, enthalten aber in der australischen Flora zumeist Arten, die denen des Monsumgebietes weniger nahe oder zum Theil isolirt stehen: *Dysoxylon, Amoora, Sipho-*

nodon, Nephelium, Euphoria, Atylosia, Flemingia, Mezoneurum, Pterolobium, Polyosma, Homalium, Hedyotis, Gardenia, Ixora, Quettardella. Coelospermum, Chilocarpus, Melodinus, Alyxia, Alstonia, Wrightia, Parsonsia, Fagraena, Adenosma, Artanema, Bounaya, Baea, Josephinia, Callicarpa, Gmelina, Moschosma, Plectranthus, Anisomeles, Deeringia, Cryptocarya, Endiandra, Tetranthera, Lisaea, Nepenthes, Actephila, Breynia, Hemicyclia, Briedelia, Cleistanthus, Carumbium, Laportea, Curcuma, Elettaria, Taeniophyllum, Sarcochilus, Cleisostoma, Saccolabium, Geodorum, Spathoglottis, Phaius, Galeola, Apostasia, Anilema, Dianella und *Isachne.*

Hingegen sind die folgenden endemischen Gattungen als umgewandelte Bestandtheile des ostindischen Florenelements, als specifisch transmutierte Nebenbestandtheile der Flora Australiens zu betrachten: Die monotypen Menispermaceen-Gattungen *Sarcopetalum, Pleogyne* und *Adeliopsis,* die Simarubaceen-Gattungen *Hyptiandra* (monotyp) und *Cadellia,* die Meliaceen *Synoum* (monotyp), *Owenia, Flindersia,* die Celastrineen-Gattung *Denhamia,* die Combretaceen-Gattung *Macropteranthes,* die monotype Sapotacee *Homogyne,* endlich die der ostindischen *Bedschmiedia* nächstverwandte Laurineen-Gattung *Nesodaphne.*

Im Anschlusse an die Bestandtheile des ostindischen Nebenelements sind noch zu bemerken: Die Gattung *Metrosideros,* welche die Myrtaceen im Monsumgebiete und in Oceanien vertritt und dort dem australischen Nebenelement zufällt (sie ist in Neuholland durch eine einzige einer Art des indischen Archipels entsprechende Form vertreten); dann die vorzugsweise südamerikanische Gattung *Erythroxylon,* welche in Neuholland durch zwei ostindischen Arten sehr analoge Formen repräsentirt erscheint.

Wir finden sonach auch in dem ostindischen Florengliede alle Hauptabtheilungen des Systems repräsentirt. Es ist ebenfalls in den verschiedenen Gebieten Australiens in verschiedener Weise ausgebildet: am reichhaltigsten im tropischen, am wenigsten in West-Australien. In ersterem Gebiete herrschen die Monopetalen, in Ost-Australien die Polypetalen vor. Die auf West-Australien fallenden Gattungen verhalten sich zu denen Ost-Australiens, und zwar die Thalamifloren wie 1 : 35, die Discifloren wie 1 : 9, die Calycifloren wie 1 : 2, die Monopetalen wie 1 : 28, die Monochlamydeen wie 1 : 3, die Monocotyledonen wie 1 : 1·7. Die Verhältnisszahlen der Gattungen des tropischen Australiens zu denen des aussertropischen sind für das erwähnte Florenglied bezüglich der Thalamifloren 2·3 : 1, der Discifloren und der Calycifloren 2·9 : 1, der Monopetalen 5·5 : 1, der Monochlamydeen 3 : 1, der Gymnospermen 1 : 0, der Monocotyledonen 2 : 1.

Als bezeichnend für das oceanische Nebenelement und seine Differenzirung in der Flora Australiens sind hervorzuheben die endemischen Arten der Gattungen *Drymis, Hymenanthera, Plagianthus, Aristotelia, Aeronychia, Pennantia, Villaresia, Argophyllum, Quintinia, Ackama, Xanthostemon, Azorella, Aciphylla, Coprosma, Nertera, Vittadinia, Podocoma, Abrotanella, Craspedia, Raoulia, Erechthites, Forstera, Pernettya, Ochrosia, Geniostoma, Ourisia, Faradaya, Atherosperma, Mühlenbeckia, Laportea, Dammara, Dacrydium, Phyllocladus, Libertia, Microtis, Corysanthes, Cyrtostylis, Chiloglottis, Astelia, Lampocarya* und *Oreobolus.*

An diese schliessen sich die endemischen Arten der Gattungen *Gunnera, Antirrhaca, Drapetes, Elatostemma, Fisonia, Araucaria, Fagus* und *Samolus* an, welche oceanischen Arten mehr oder weniger nahe stehen.

Wie ein Blick auf die beigegebenen Tabellen zeigt, weiset das oceanische Florenglied Australiens ebenfalls Repräsentanten sämmtlicher Hauptabtheilungen der Phanerogamen auf. Die Mehrzahl der Gattungen fällt den Monopetalen zu. In Ost-Australien ist dieses Florenglied am meisten, in West-Australien am wenigsten entwickelt [1].

Die amerikanischen Floren im Allgemeinen sind in der Flora Australiens durch endemische Arten folgender theilweise sehr bezeichnender Gattungen vertreten, als: *Sida, Abutilon, Casearia, Discaria, Clitoria, Galactia, Rhynchosia, Acaena, Portulacea, Oenothera, Eryngium, Wedelia, Eclipta, Floreria, Erigeron,*

---

[1] Insoferne als das oceanische Florenelement der jetztweltlichen antarctischen Flora wesentlich zu Grunde liegt, erklärt sich auch die eigenthümliche Beziehung der Flora Ost-Australiens zur letzteren.

An diese schliesst sich eine Reihe von endemischen Gattungen, die als transmutierte Bestandtheile amerikanischer Nebenelemente in der Flora Australiens gelten können, wie die monotype Malvacee *Howittia* umgewandelt aus der nächstverwandten *Sida*; *Stylobasium*, eine zwei Arten enthaltende, mit der amerikanischen Gattung *Leiostemon* enge verwandte Rosacee; die monotype Sterculiaceen-Gattung *Dicarpidium*, umgewandelt aus der vorzugsweise amerikanischen Gattung *Waltheria* oder einer Stammform, aus der diese selbst hervorging; *Euroschinus*, umgewandelt aus der zunächst stehenden amerikanischen Gattung *Schinus*; *Sersalia*, endemische, zwei Arten umfassende Gattung mit *Achras* verwandt; die endemische Solaneen-Gattung *Anthotroche*; die monotype Phytolaccaceae *Monococcus*, verwandt mit der tropisch-amerikanischen *Petiveria*; endlich die vier endemische Arten umfassende, der amerikanischen *Mollinedia* nächst verwandte Gattung *Kibara*.

Die vorzugsweise amerikanischen Melastomaceen sind durch eine endemische Osbeckia-Art in Neuholland repräsentirt, was umso bemerkenswerther ist, als dieselbe Gattung die Melastomaceen auch in der Flora des Monsumgebietes vertritt.

Nordamerika und Mexiko insbesondere sind in Australien vertreten durch endemische Arten von *Lespedeza*, *Pogonia*, *Drymaria*, *Cinna* und *Muehlenbergia*. Brasilien durch *Fugosia* und *Aristida*, Chile durch *Calandrinia*, von deren mehreren in Australien endemischen Arten einige chilenesischen nahe verwandt sind.

Das amerikanische Florenglied ist in der neuholländischen Flora demnach formenreicher vertreten als das vorhergehende. Es zeigt ein Vorwiegen der Polypetalen und hat vorzugsweise im tropischen, am wenigsten in West-Australien Entwicklung gefunden.

Die endemischen Repräsentanten des Waldgebietes des östlichen Continents in Australien zählen zu den Gattungen *Stellaria*, *Linum*, *Rhamnus*, *Lotus*, *Geum*, *Sambucus*, *Galium*, *Myosotis*, *Echinospermum*, *Cynoglossum*, *Mentha*, *Scutellaria* und *Teucrium*.

Die Mediterranflora ist in Neuholland vertreten durch *Frankenia*, von deren mehreren in Australien endemischen Arten Eine nahe verwandt ist einer Art der Mittelmeerflora; durch *Lavatera*, *Trigonella*, *Glycyrrhiza*, *Leuzea*, *Erythraea*, *Kochelia*, insbesondere durch die vorzugsweise mediterrane Gattung *Asperula*, sämmtlich mit endemischen Arten.

Die endemischen Repräsentanten des Waldgebietes des östlichen Continents und der Mediterranflora, dann einige Gattungen des asiatischen Steppengebietes werden hier als europäisches Florenglied zusammengefasst. Mit Ausnahme der Gymnospermen nehmen alle grösseren Abtheilungen der Dicotyledonen an der Bildung desselben Theil. Es zeigt ein Vorwiegen der Monopetalen und ist in Ost-Australien zur grössten Entfaltung gelangt.

Das südafrikanische Nebenelement lieferte in Australien die endemischen Formen der Elatineen-Gattung *Bergia*, von *Pelargonium*, *Rhus*, *Tephrosia*, *Mesembryanthemum*, *Tetragonia*, *Aizoon*, der Gentianeen-Gattung *Sebaea*, *Hypoxis*, die Irideæ *Moraea* und die Asphodeleen *Bulbine* und *Chlorophytum*.

Weniger ist das tropische Afrika repräsentirt, und zwar durch endemische Arten von *Popowia*, *Adansonia*, *Indigofera*, *Lonchocarpus* und *Erythrophoeum*. Von der Passifloree *Modecca* und der Cucurbitacee *Melothria* ist je eine Art mit einer tropisch-afrikanischen nächstverwandt.

Das der Mehrzahl der Gattungen nach der Cap-Flora entsprechende afrikanische Florenglied der Flora Australiens zeigt ein Vorwalten der Polypetalen und ist im tropischen, sowie auch in Ost-Australien am deutlichsten nachzuweisen.

Die polygenetischen Gattungen habe ich in ein besonderes Florenglied zusammengefasst. Dasselbe zeigt in allen Gebieten Australiens ein Vorwiegen der Polypetalen. Die Mehrzahl der Gattungen desselben fallen auf das tropische und auf Ost-Australien.

Aus dem Inhalt der im Vorhergehenden charakterisirten Florenglieder Australiens ist klar ersichtlich, wie ihre Florenelemente derart Entwicklung gefunden, dass gleichsam jedes für sich allein schon dazu beigetragen hat, eine sämmtliche Hauptabtheilungen des Pflanzenreiches umfassende Flora hervorzubringen, und wie aber durch ihre gegenseitige Ergänzung und Vervollständigung die ausserordentliche Mannigfaltigkeit der Flora erzeugt werden konnte. (Siehe die Tabellen I und II.) Die Differenzirung eines Florenelements, insbesondere des Haupt-Elements, wäre demnach so zu denken, dass das schon in seiner Anlage Repräsentanten des Pflanzensystems umfassende Element durch die weitere Entwicklung und Spaltung der Pflanzengestalten für sich ein Abbild der Gesammtflora gibt.

Sowie in Europa sind aller Wahrscheinlichkeit nach auch in Neuholland die Florenelemente von nicht gleichem Alter, das heisst ihr Entstehen sowohl als auch die Phasen ihrer fortschreitenden Entwicklung und ihrer Rückbildung fallen nicht in die entsprechenden gleichen Zeitabschnitte. In Europa traten Nebenelemente, das neuholländische und das chinesisch-japanesische Florenelement nämlich, zuerst auf. Während aber das Erstere von der Eocen-Epoche an bis zum unteren Miocen seine grösste Entfaltung erreichte, blieb das Letztere im Eocen noch zurück und begann seine weitere Entwicklung im unteren Miocen, um erst in der Lausanne-Stufe (Bilin, Leoben, Schönegg u. s. w.) das Maximum der Ausbildung zu erreichen. Während ferner das Hauptelement, das des europäischen Waldgebietes nämlich, aus der Differenzirung des Vegetations-elements der gemässigten Zone erst nach Abschluss der Kreideperiode entsprungen, im Tongrien nur sehr spärlich erschien und in allmälig steter Entwicklung gegen die Jetztzeit zu fortgeschritten war, hat das amerikanische Element bereits vor dem Abschluss der Kreidezeit seinen Ursprung genommen und in dem Zeitabschnitte vom mittleren bis einschliesslich zum oberen Miocen seine grösste Entfaltung erhalten, vermöge welcher es das europäische zu dieser Zeit überragte. Hieraus erklärt es sich wohl am einfachsten, warum die europäische Tertiärflora der Flora des heutigen Nordamerika und Mexiko näher verwandt ist als der gegenwärtigen europäischen. In der Pliocän-Epoche aber vollzog sich rascher theils die Rückbildung, theils die entsprechende Transmutation aller Nebenelemente.

In Neuholland hingegen dürfte die Entwicklung der Flora mit dem Hauptelement begonnen haben, welches sich, gegen die Jetztzeit zu allmälig fortschreitend, mehr und mehr derart entfaltet hat, dass die Nebenelemente vielleicht schon in einem verhältnissmässig weit früheren Zeitabschnitte in den Hintergrund gedrängt worden sind. In welcher Reihenfolge aber diese auftraten, lässt sich bei dem Mangel an paläontologischen Thatsachen heute noch nicht mit Sicherheit angeben; doch scheint das chinesisch-japanesische Element auch hier einen Vorsprung vor den übrigen Nebenelementen gehabt zu haben, weil dasselbe in der jetztweltlichen Flora Neuhollands bereits sich fast völlig erloschen zeigt [1], während das ostindische Element noch eine gewisse Entfaltung behauptet, welche vorzugsweise im tropischen Australien, wo die ursprüngliche Mengung der Florenelemente noch am deutlichsten hervortritt, ausgesprochen ist.

Der im Nachfolgenden gegebenen Zusammenstellung der Bestandtheile der Florenglieder habe ich die fleissige Bearbeitung Bentham's „Flora australiensis" zu Grunde gelegt. Da wo diese nicht ausreichte (für einige Ordnungen der Monocotyledonen) benützte ich Kunth's Enumeratio plantarum.

Von den Gattungen, welche keine in Neuholland endemischen Arten enthalten, sind in einem Anhange nur die der muthmasslich aus Ostindien und aus Oceanien eingewanderten Arten verzeichnet, da die aus Europa eingewanderten u. A. schon in J. D. Hooker's vortrefflicher Abhandlung „Introductory Essay to the Flora of Tasmania" vollständig aufgezählt sind.

---

[1] Nur einige wenige Gattungen der Flora Australiens weisen auf das chinesisch-japanesische Florengebiet hin, so die Goodeniacee *Cologyne* und die mit der chinesischen *Cunninghamia* verwandte *Arthrotaxis*.

Tabelle I.

Uebersicht der durch die Differenzirung der tertiären Floren-Elemente hervorgegangenen Glieder der Flora Australiens.

Abtheilungen der Phanerogamen		Australisches oder Haupt-Florenglied	Ostindisches Florenglied	Oceanisches Florenglied	Amerikanisches Florenglied	Europäisches Florenglied	Afrikanisches Florenglied	Polygenetisches Florenglied
Series Thalamiflorae	West-Australien	14 Gatt.	—	—	1 Gatt.	1 Gatt.	—	1 Gatt.
	Ost-Australien	1 „	2 Gatt.	3 Gatt.	2 „	2 „	—	8 „
	Queensland u. N.-S.-Wales	3 „	3 „	— „	— „	— „	— „	1 „
	Tropisches Australien	6 „	11 „	— „	4 „	— „	3 Gatt.	9 „
	Aussertrop. Australien	6 „	— „	1 „	— „	1 „	— „	3 „
	Von allgem. Verbreitung	4 „	2 „	— „	2 „	1 „	— „	1 „
	West : Ost	24 : 1	1 : 3.5	— „	3 : 4	2 : 3	— „	26 : 1
	Trop. : Aussertrop.	1 : 2.4	2.3 : 1	— „	6 : 5	1 : 5	— „	1 : 1.3
	Das Haupt-Florenglied verhält sich zum:	2 : 1	8 : 1	4 : 1	7 : 1	11 : 1	1.5 : 1	
Series Disciflorae	West-Australien	13 Gatt.	—	—	—	—	—	—
	Ost-Australien	8 „	2 Gatt.	1 Gatt.	2 Gatt.	—	1 Gatt.	—
	Queensland u. N.-S.-Wales	8 „	6 „	— „	— „	— „	— „	—
	Tropisches Australien	6 „	19 „	1 „	3 „	1 Gatt.	— „	3 Gatt.
	Aussertrop. Australien	4 „	— „	— „	1 „	1 „	1 „	2 „
	Von allgem. Verbreitung	3 „	1 „	— „	— „	— „	— „	3 „
	West : Ost	1.2 : 1	1 : 9	— „	1 : 3	— „	1 : 2	— „
	Trop. : Aussertrop.	1 : 2.4	2.9 : 1	— „	1 : 1	1 : 1	1 : 1	6 : 5
	Das Haupt-Florenglied verhält sich zum:	1.5 : 1	2.1 : 1	7 : 1	21 : 1	21 : 1	5 : 1	
Series Calyciflorae	West-Australien	55 Gatt.	1 Gatt.	—	1 Gatt.	—	2 Gatt.	2 Gatt.
	Ost-Australien	23 „	1 „	6 Gatt.	1 „	4 Gatt.	3 „	4 „
	Queensland u. N.-S.-Wales	5 „	4 „	— „	— „	— „	1 „	1 „
	Tropisches Australien	14 „	19 „	2 „	7 „	1 „	5 „	4 „
	Aussertrop. Australien	6 „	— „	— „	2 „	3 „	3 „	6 „
	Von allgem. Verbreitung	12 „	3 „	— „	2 „	— „	3 „	6 „
	West : Ost	1.6 : 1	1 : 2	— „	1 : 1	— „	1 : 1.4	1 : 1.4
	Trop. : Aussertrop.	1 : 2.7	2.9 : 1	1 : 3.7	2.2 : 1	1 : 2	1 : 1	1 : 1.2
	Das Haupt-Florenglied verhält sich zum:	4 : 1	14 : 1	10 : 1	14 : 1	8 : 1	7 : 1	
Subclass. Monopetalae	West-Australien	61 Gatt.	1 Gatt.	1 Gatt.	2 Gatt.	—	—	1 Gatt.
	Ost-Australien	41 „	1 „	9 „	2 „	15 Gatt.	2 Gatt.	6 „
	Queensland u. N.-S.-Wales	7 „	7 „	— „	1 „	— „	— „	1 „
	Tropisches Australien	20 „	56 „	3 „	8 „	— „	1 „	13 „
	Aussertrop. Australien	6 „	— „	1 „	— „	3 „	1 „	— „
	Von allgem. Verbreitung	14 „	3 „	3 „	3 „	2 „	— „	7 „
	West : Ost	1.04 : 1	1 : 2.8	1 : 2.5	5 : 6	1 : 5	— „	1 : 1.8
	Trop. : Aussertrop.	1 : 3.4	5.5 : 1	1 : 2.3	1.5 : 1	— „	1 : 3	14 : 1
	Das Haupt-Florenglied verhält sich zum:	2 : 1	9 : 1	9 : 1	7 : 1	37 : 1	5 : 1	
Subclass. Monochlamydeae	West-Australien	31 Gatt.	—	—	—	—	—	—
	Ost-Australien	22 „	1 Gatt.	7 Gatt.	1 Gatt.	1 Gatt.	1 Gatt.	3 Gatt.
	Queensland u. N.-S.-Wales	4 „	3 „	— „	— „	— „	— „	4 „
	Tropisches Australien	13 „	13 „	2 „	3 „	— „	— „	12 „
	Aussertrop. Australien	6 „	— „	1 „	— „	— „	— „	— „
	Von allgem. Verbreitung	15 „	2 „	1 „	— „	— „	— „	10 „
	West : Ost	1.4 : 1	1 : 3	1 : 7	— „	— „	— „	1 : 2
	Trop. : Aussertrop.	1 : 2.4	3 : 1	1 : 3.5	3 : 1	— „	— „	14 : 1
	Das Haupt-Florenglied verhält sich zum:	5 : 1	10 : 1	23 : 1	91 : 1	91 : 1	3 : 1	
Subclass. Gymnospermae	West-Australien	1 Gatt.	—	—	—	—	1 Gatt.	—
	Ost-Australien	4 „	—	2 Gatt.	1 Gatt.	—	1 „	1 Gatt.
	Queensland u. N.-S.-Wales	2 „	1 Gatt.	1 „	— „	—	— „	— „
	Tropisches Australien	— „	— „	— „	— „	—	— „	— „
	Aussertrop. Australien	1 „	— „	— „	— „	—	— „	— „
	Von allgem. Verbreitung	1 „	— „	— „	— „	—	— „	— „
	West : Ost	1 : 2	— „	— „	— „	—	— „	— „
	Trop. : Aussertrop.	1 : 2	— „	1 : 2	— „	—	— „	— „
	Das Haupt-Florenglied verhält sich zum:	8 : 1	2.7 : 1	8 : 1	—	4 : 1	8 : 1	
Class. Monocotyledones	West-Australien	14 Gatt.	—	—	—	—	—	—
	Ost-Australien	26 „	1 Gatt.	4 Gatt.	—	2 Gatt.	1 Gatt.	
	Queensland u. N.-S.-Wales	5 „	5 „	— „	1 Gatt.	1 „	1 „	
	Tropisches Australien	5 „	15 „	2 „	— „	— „	8 „	
	Aussertrop. Australien	5 „	— „	— „	— „	2 Gatt.	— „	
	Von allgem. Verbreitung	56 „	8 „	5 „	12 „	1 „	2 „	28 „
	West : Ost	1 : 1.2	1 : 1.7	1 : 2	— „	— „	1 : 2	? „
	Trop. : Aussertrop.	1 : 1.6	2 : 1	— „	10 : 1	1.2 : 1	3 : 4	? „
	Das Haupt-Florenglied verhält sich zum:	4 : 1	10 : 1	4 : 1	35 : 1	21 : 1	3 : 1	

Tabelle II.

Uebersicht der Ordnungen der Florenglieder und ihrer gegenseitigen Ergänzung zur Gesammtflora.

Aufzählung der Ordnungen der Gesammtflora	Bestandtheile der tertiären Florenelemente Australisches oder Haupt-Florenglied	Ostindisches Florenglied	Oceanisches Florenglied	Amerikanisches Florenglied	Europäisches Florenglied	Afrikanisches Florenglied	Polygenetisches Florenglied	Aus Ostindien eingewandert*	Aus Oceanien eingewandert*	Aus anderen Gebieten eingewandert*
Class. I. DICOTYLEDONES.										
Subclass. I. Polypetalae.										
Series I. Thalamiflorae.										
Ranunculaceae	—	—	—	—	—	—	—	—	—	—
Dilleniaceae	—	⊤	⊥	—	—	—	+	—	—	—
Magnoliaceae	—	—	—	⊥	—	—	—	—	—	—
Anonaceae	+	+	+	—	—	—	—	—	—	—
Menispermaceae	—	—	⋯	—	—	—	—	—	—	—
Nymphaeaceae	+	—	—	—	—	—	—	—	—	—
Papaveraceae	—	—	—	—	—	—	—	—	—	—
Cruciferae	+	—	—	—	—	⊤	—	⊤	—	—
Capparideae	—	—	—	—	—	—	—	+	—	—
Violaceae	—	—	⊤	⋯	—	—	—	⊤	—	—
Bixineae	—	—	⋯	—	—	—	—	⊥	—	—
Pittosporeae	⋯	⊤	—	—	—	—	—	—	—	—
Tremandreae	⊣	⋯	—	—	—	—	—	—	—	—
Polygaleae	—	⋯	⋯	—	—	—	⊤	—	—	—
Frankeniaceae	—	—	—	—	+	⋯	—	+	—	—
Caryophylleae	—	—	—	—	+	⋯	—	+	—	—
Portulaceae	—	—	—	—	⊤	—	—	—	—	—
Elatineae	—	—	—	—	—	—	—	—	—	—
Hypericineae	—	—	—	—	—	—	—	—	⋯	—
Guttiferae	—	—	—	—	—	—	—	⊤	—	—
Malvaceae	—	—	⊤	⊤	⊤	⊤	+	—	—	—
Sterculiaceae	+	⋯	+	—	⋯	—	—	—	—	—
Tiliaceae	+	—	⋯	—	—	—	—	—	—	—
Series II. Discifiorae.										
Lineae	—	—	—	—	—	—	—	—	—	—
Malpighiaceae	—	⋯	—	⋯	—	—	—	—	—	—
Zygophylleae	—	⋯	—	—	—	—	—	—	—	—
Geraniaceae	—	—	—	—	—	—	⊤	⊤	—	—
Rutaceae	⋯	⋯	—	⋯	—	—	—	—	—	—
Simarubeae	—	—	⊤	—	—	—	—	—	—	—
Burseraceae	—	⋯	—	—	—	—	—	—	—	—
Meliaceae	—	—	—	—	—	—	—	—	—	—
Olacineae	—	—	⊤	—	—	—	—	—	—	—
Ilicineae	+	—	—	⋯	—	—	—	—	—	—
Celastrineae	—	—	—	⋯	—	—	—	—	—	—
Stackhousieae	⋯	—	—	—	—	—	—	—	—	—
Rhamneae	⋯	—	⋯	⋯	—	—	—	—	—	⋯
Ampelideae	—	—	—	⋯	—	—	—	—	—	—
Sapindaceae	⋯	—	—	—	—	—	—	—	—	—
Anacardiaceae	—	—	—	⋯	—	—	—	—	—	—
Series III. Calyciflorae.										
Leguminosae	—	—	⋯	—	⋯	—	—	⋯	—	—
Rosaceae	—	—	—	—	—	—	—	—	—	—
Saxifrageae	+	⋯	—	—	—	—	—	—	—	—

*) In diesen mit einem Sternchen bezeichneten Columnen wurden nur die durchaus eingewanderten Ordnungen, d. i. solche, die keine endemischen Arten in Australien aufzuweisen haben, angegeben.

Die genetische Gliederung der Flora Australiens.

Aufzählung der Ordnungen der Gesammtflora	Bestandtheile der tertiären Florenelemente	Australisches oder Haupt-Florenglied	Ostindisches Florenglied	Oceanisches Florenglied	Amerikanisches Florenglied	Europäisches Florenglied	Afrikanisches Florenglied	Polygenetisches Florenglied	Aus Ostindien eingewandert	Aus Oceanien eingewandert	Aus anderen Gebieten eingewandert
Crassulaceae	—	—	—	—	—	—	—	+	—	—	—
Droseraceae	—	+	—	—	—	—	—	+	—	—	—
Halorageae	—	+	—	+	—	—	—	+	—	—	—
Rhizophoreae	+	—	—	—	—	—	—	—	+	—	—
Combretaceae	+	—	+	—	—	—	—	+	—	—	—
Myrtaceae	+	+	+	—	+	—	—	—	—	—	—
Melastomaceae	+	—	—	—	+	—	—	—	—	—	—
Lythrarieae	—	—	+	—	—	—	—	+	—	—	—
Onagrarieae	—	—	—	—	+	—	—	—	—	—	—
Samydeae	—	—	+	—	—	—	—	—	—	—	—
Passifloreae	—	—	—	—	+	—	+	—	—	—	—
Cucurbitaceae	—	—	+	—	—	—	+	+	—	—	—
Ficoideae	—	—	—	—	—	—	+	—	—	—	—
Umbelliferae	+	+	—	+	+	+	+	+	—	—	—
Araliaceae	+	+	—	—	—	+	—	—	—	—	—
Corneae	+	—	—	—	—	—	—	—	—	—	—

Subclass. II. Monopetalae.

Loranthaceae	+	+	—	—	—	—	—	+	—	—	—
Caprifoliaceae	+	+	—	—	+	—	—	—	—	—	—
Rubiaceae	+	+	+	+	+	+	—	+	—	—	—
Compositae	—	+	+	+	+	+	+	+	—	—	—
Stylidieae	—	+	—	—	—	—	—	—	—	—	—
Goodeniaceae	—	+	—	—	—	—	—	—	—	—	—
Campanulaceae	—	—	—	—	—	—	—	+	—	—	—
Ericaceae	+	—	—	+	—	—	—	—	—	—	—
Epacrideae	—	+	—	—	—	—	—	—	—	—	—
Plumbagineae	—	—	—	—	—	—	—	+	—	—	—
Primulaceae	—	—	—	+	—	—	—	—	—	—	—
Myrsineae	—	—	+	—	—	—	—	—	—	—	—
Sapotaceae	+	—	+	—	+	—	—	—	—	—	—
Ebenaceae	+	+	+	—	—	—	—	—	—	—	—
Styraceae	+	—	—	—	—	—	—	—	—	—	—
Jasmineae	—	+	+	—	—	—	—	—	—	—	—
Apocyneae	+	+	+	—	+	—	—	—	+	—	—
Asclepiadeae	—	+	—	—	—	—	—	+	—	+	—
Loganiaceae	—	—	—	—	—	—	—	—	—	+	—
Gentianeae	+	—	—	—	—	+	—	—	—	+	—
Hydrophyllaceae	—	—	—	—	—	—	—	—	—	+	+
Boragineae	+	+	+	—	+	—	+	—	—	—	—
Convolvulaceae	+	+	+	—	—	—	—	+	—	—	—
Solaneae	+	—	—	—	+	—	+	+	—	—	—
Scrophularineae	+	+	+	+	+	+	+	+	—	—	—
Lentibularieae	—	+	—	—	—	—	—	+	—	—	—
Orobancheae	—	—	—	—	—	—	—	—	—	—	+
Gesneriaceae	—	+	+	—	—	—	—	—	—	—	—
Bignoniaceae	+	—	—	—	—	—	—	+	—	—	—
Acanthaceae	—	—	+	—	—	—	—	—	—	—	—
Pedalineae	—	—	+	—	—	—	—	—	—	—	—
Myoporineae	+	+	—	—	—	—	—	—	—	—	—
Selagineae	—	—	—	—	—	—	—	—	—	—	+
Verbenaceae	+	+	+	+	—	—	—	—	—	—	—
Labiatae	—	+	+	—	—	+	—	+	—	—	—
Plantagineae	—	—	—	—	—	+	—	—	—	—	—

Subclass. III. Monochlamydeae.

Phytolaccaceae	—	+	—	—	+	—	—	—	—	—	—
Chenopodiaceae	—	+	+	—	+	—	—	+	—	—	—
Amarantaceae	—	+	+	—	+	—	—	+	—	—	—
Paronychieae	—	—	—	—	+	—	—	—	—	—	—
Polygoneae	+	—	—	+	—	—	—	+	—	—	—

Aufzählung der Ordnungen der Gesammtflora	Bestandtheile der tertiären Florenelemente	Australisches oder Haupt-Florenglied	Ostindisches Florenglied	Oceanisches Florenglied	Amerikanisches Florenglied	Europäisches Florenglied	Afrikanisches Florenglied	Polygenetisches Florenglied	Aus Ostindien eingewandert	Aus Oceanien eingewandert	Aus anderen Gebieten eingewandert
Nyctagineae	+	—	—	+	—	—	—	—	—	—	—
Myristiceae	—	—	+	—	—	—	—	—	—	—	—
Monimiaceae	+	+	—	+	+	—	—	—	—	—	—
Laurineae	+	+	+	—	—	—	—	—	...	—	—
Proteaceae	+	—	—	—	—	—	—	—	—	—	—
Thymeleae	+	—	+	+	—	—	—	—	—	—	—
Nepenthaceae	—	—	—	—	—	—	—	—	—	—	—
Euphorbineae	...	—	+	—	—	—	—	+	—	—	—
Urticeae	+	—	—	+	—	—	—	+	—	—	—
Casuarineae	+	—	—	—	—	—	—	—	—	—	—
Piperaceae	+	—	—	—	—	—	—	+	—	—	—
Aristolochiaceae	+	—	—	—	—	—	—	+	—	—	—
Cupuliferae	+	—	+	—	—	—	—	—	—	—	—
Santalaceae	+	—	—	—	—	—	+	—	—	—	—
Balanophoreae	—	—	—	—	—	—	—	—	—	+	—

Subclass. IV. Gymnospermae.

Coniferae	+	+	—	+	+	—	—	+	+	—	—
Cycadeae	—	+	+	—	—	—	+	—	—	—	—

Class. II. MONOCOTYLEDONES.

Hydrocharideae	+	—	+	—	—	—	—	—	+	—	—
Scitamineae	—	—	+	—	—	—	—	—	+	—	—
Orchideae	+	+	...	+	—	—	—	—	+	—	—
Burmanniaceae	—	—	—	—	—	—	—	—	+	—	—
Irideae	+	+	—	+	—	—	+	—	—	—	—
Amaryllideae	—	+	+	—	—	—	+	—	—	—	—
Taccaceae	—	—	—	—	—	—	+	—	—	—	—
Dioscorideae	—	+	—	—	+	—	—	—	—	—	—
Smilaceae	...	—	+	+	—	—	—	—	—	—	—
Asparagineae	—	+	+	—	—	—	—	—	—	—	—
Asphodeleae	—	+	—	—	—	—	—	+	—	—	—
Centarieae	—	—	—	—	—	—	—	—	—	—	—
Melanthaceae	—	—	—	—	—	—	—	—	—	—	—
Xyrideae	—	—	—	—	+	—	—	—	—	—	—
Commelynaceae	—	—	+	+	+	—	—	—	—	—	—
Eriocaulaceae	—	—	—	—	+	—	—	—	—	—	—
Centrolepideae	—	—	—	—	—	—	—	—	—	—	—
Restiaceae	—	+	—	—	—	—	—	—	—	—	—
Philydreae	—	—	—	—	—	—	—	—	—	—	—
Junceae	+	—	+	+	—	—	—	+	—	—	—
Palmae	+	+	+	—	—	—	—	—	÷	—	—
Pandaneae	+	—	+	—	—	—	—	—	—	÷	—
Aroideae	+	—	—	—	—	—	—	+	—	—	—
Naiadeae	—	—	—	—	—	—	—	+	—	—	—
Fluviales	—	—	—	—	—	—	—	+	—	—	—
Typhineae	÷	—	—	—	—	—	—	+	—	—	—
Aroideae	+	—	—	—	—	—	—	÷	—	—	—
Lemnaceae	—	—	—	—	—	—	—	—	—	—	—
Cyperaceae	...	+	+	+	+	—	—	+	—	—	—
Gramineae	...	÷	+	+	+	÷	—	÷	—	—	—

B. Die Glieder der Flora Australiens als die weiter entwickelten Florenelemente.

I. Aus der Differenzirung des Hauptelements der Flora Australiens hervorgegangene Formen, oder das Haupt-Florenglied [1].

Class. **DICOTYLEDONES.**

Subclass. **POLYPETALAE.**

Series THALAMIFLORAE.

Ord. *Dilleniaceae.*

Hibbertia Andr., Benth. l. c. I, p. 17. — 67 Sp., auf alle Gebiete Neuhollands vertheilt.
Candollea Labill., Benth. l. c. I, p. 41. — 15 Sp., alle in West-Australien.
Adrastea De Cand., Benth., l. c. I, p. 46. — Monotype Gattung in Queensland und N.-S.-Wales.
Pachynema R. Brown, Benth., l. c. I, p. 47. — 4 Sp., davon 3 in Nord- und 1 in West-Australien.

Ord. *Anonaceae.*

*Eupomatia R. Brown, Benth. l. c. p. 53. — 2 Sp., beide im tropischen Neuholland, 1 auch in N.-S.-Wales.
Stenopetalum R. Brown, Benth. l. c. p. 77. — 7 Sp., fast auf sämmtliche Gebiete des aussertropischen Australiens vertheilt.
Geococcus J. Drumm., Benth. l. c. p. 79. — Monotype Gattung, in West-Australien.
Menkea Lehm., Benth. l. c. p. 80. — 2 Sp., Eine in Ost- und West-Australien, die andere nur in West-Australien gefunden.

Ord. *Pittosporeae.*

*Pittosporum Banks, Benth. l. c. p. 109. — 9 Sp., davon Eine auch im Monsumgebiete verbreitet, alle übrigen endemisch in verschiedenen Theilen Australiens. Eine der letzteren ist besonders in der Inflorescenz einer Art des Monsumgebietes analog. Im genannten Gebiete, sowie in Oceanien und in der Cap-Flora ist *Pittosporum* nur Bestandtheil des neuholländischen Nebenelements.
Hymenosporum F. Muell., Benth. l. c. p. 114. — Monotype Gattung, aus der vorigen abzuleiten, welcher sie in der Tracht gleicht. In Queensland und N.-S.-Wales vorkommend.
*Bursaria Cav., Benth. l. c. p. 114. — Scheint nur auf Eine im tropischen und aussertropischen Neuholland verbreitete Art beschränkt, jedoch wegen grösserer Variation in der Artbildung begriffen zu sein.
Marianthus Hueg., Benth. l. c. p. 115. — 16 Sp., davon nur 2 in Ost-, alle übrigen in West-Australien verbreitet.
*Citriobatus A. Cunn., Benth. l. c. p. 121. — 2 Sp., beide im tropischen Neuholland, Eine auch in N.-S.-Wales. Die tertiäre Art steht dem *C. pauciflorus* am nächsten.
Billardiera Sm., Benth. l. c. p. 122. — 6 Sp., davon 3 in West- und 3 in Ost-Australien. Diese Gattung hängt durch Artverwandtschaft mit *Marianthus* zusammen.
Pronaya Hueg., Benth. l. c. p. 125. — Monotype Gattung in West-Australien, mit der vorigen in nächster Verwandtschaft.

---

[1] Die mit einem Sternchen bezeichneten Gattungen gehören der Tertiärflora an.

Sollya Lindl., Benth. l. c. p. 126. — 2 Sp., in West-Australien verbreitet.
Cheiranthera A. Cunn., Benth. l. c. p. 127. — 4 Sp., von diesen 2 im westlichen und 2 im östlichen Gebiete.

Ord. *Tremandreae.*

Tetratheca Sm., Benth. l. c. — 18 Sp., davon 11 in West- und die übrigen meist in Ost-Australien.
Platytheca Steez., Benth. l. c. p. 136. — Monotype Gattung, in West-Australien.
Tremandra R. Brown, Benth. l. c. — 2 Sp., in West-Australien; eine derselben variirend.

Ord. *Polygaleae.*

Comesperma Labill., Benth. l. c. I, p. 141. — 21 Sp., auf alle Gebiete des Continents vertheilt.

Ord. *Sterculiaceae.*

*Sterculia Linn., Benth. l. c. I, p. 225. — 12 Sp., davon Eine Art auch im Monsumgebiete verbreitet, die übrigen endemisch. Die Mehrzahl kommt im tropischen Neuholland vor. Eine der endemischen steht mit einer tertiären Art in nächster Verwandtschaft. Diese Gattung gehört aber auch zum Hauptelement anderer natürlicher Floren.
Tarrietia Blume, Benth. l. c. p. 230. — 1 Sp., in Queensland und N.-S.-Wales. Eine zweite Art zählt zum Hauptelement der Flora des Monsungebietes.
Dicarpidium F. Muell., Benth. l. c. p. 235. — Monotype Gattung, in Nord-Australien.
Rulingia R. Brown, Benth. l. c. p. 237. — 13 Sp., alle endemisch. Von diesen kommen 8 auf West-Australien, die übrigen vertheilen sich auf Queensland, Nord-Australien, N.-S.-Wales und Victoria. Ausserhalb Neuholland erscheint die Gattung nur in einer einzigen Art in Madagaskar, gehört demnach zum neuholländischen Nebenelement des oceanischen Florengebietes.
Commersonia Forst., Benth. l. c. p. 241. — 7 Sp., davon nur Eine im Monsumgebiete und in Oceanien weit verbreitet, die übrigen endemisch. Die Mehrzahl derselben fällt auf West-Australien. Diese Gattung dürfte auch zum Hauptelement der genannten Florengebiete gehören.
Seringia J. Gay, Benth. l. c. p. 244. — Monotype Gattung, auf N.-S. Wales beschränkt.
Keraudrenia J. Gay, Benth. l. c. p. 245. — 6 Sp., die Mehrzahl im tropischen Australien. Diese Gattung erscheint nur noch in einer einzigen Art in Madagaskar, wo sie nebst anderen das neuholländische Element repräsentirt.
Hannafordia F. Muell., Benth. l. c. p. 247. — Monotype Gattung, einheimisch in West-Australien.
Thomasia J. Gay, Benth. l. c. p. 248. — 25 Sp., sämmtlich in West-Australien. Eine Art kommt auch in Süd-Australien und Victoria vor.
Guichenotia J. Gay, Benth. l. c. p. 257. — 5 Sp., alle in West-Australien verbreitet.
Lasiopetalum Sm., Benth. l. c. p. 259. — 20 Sp., davon die Mehrzahl in West-Australien, 9 in Ost-Australien.
Lysiopetalum F. Muell., Benth. l. c. p. 266. — 2 Sp., auf West-Australien beschränkt.

Series II. DISCIFLORAE.

Ord. *Rutaceae.*

Trib. 1. *Boronieae.*

Zieria Sm., Benth. l. c. I, p. 303. — 10 Sp., vorzugsweise in N.-S.-Wales verbreitet, in West-Australien fehlend.
Boronia Sm., Benth. l. c. p. 307. — 57 Sp. Die Abtheilungen der *Heterandrae* (5 Sp.) und *Pedunculatae* (8 Sp.) sind auf West-Australien beschränkt; die *Valvatae* (17 Sp.) kommen im tropischen Neuholland (8 Sp.), in West-Australien (5 Sp.), in N.-S.-Wales (4 Sp.) und in Süd-Australien (1 Sp.) vor; von den Abtheilungen der *Pinnatae* (7 Sp.) und *Cyaneae* (4 Sp.) ist die Mehrzahl in West-Australien; von den Abtheilungen der

Variabiles und *Terminales* haben einige in Australien eine grössere Verbreitung; die übrigen aber ihre Heimat vorzugsweise in West-Australien. Im Ganzen kommen 32 Sp. der Gattung nur in Letzterem vor.

Acradenia Kipp., Benth. l. c. p. 328. — Monotype Gattung, den vorhergehenden nahe verwandt; auf Tasmanien beschränkt.

Crowea Sm., Benth. l. c. p. 328. — 4 Sp., davon 2 in Ost- und 2 in West-Australien. Die Gattung schliesst sich enge an die folgende.

Eriostemon Sm., Benth. l. c. p. 330. — 15 Sp., davon nur 2 in West-Australien, die Mehrzahl in N.-S.-Wales, 5 in Queensland. Diese Gattung ist in Einer Art auch in Neu-Caledonien vertreten und zählt dort zum neuholländischen Nebenelement.

Phebalium A. Juss., Benth. l. c. p. 336. — 27 Sp., vorherrschend in Ost-Australien. Auch diese Gattung gehört im oceanischen Florengebiete zum neuholländischen Nebenelement.

Microcybe Turcz., Benth. l. c. p. 346. — 3 Sp., alle in West-, Eine auch in Süd-Australien.

Geleznowia Turcz., Benth. l. c. p. 347. — 3 Sp., alle nur in West-Australien vorkommend.

Philotheca Rudge., Benth. l. c. p. 348. — 2 Sp., in N.-S.-Wales. Eine auch in Queensland.

Drummondita Harv., Benth. l. c. p. 349. — Monotype Gattung, in West-Australien.

Asterolasia F. Muell., Benth., l. c. p. 349. — 10 Sp. Die Abth. *Euasterolasia* hat nur in Ost-, die Abth. *Urocarpus* nur in West-Australien ihren Verbreitungsbezirk.

Correa Sm., Benth. l. c. p. 353. — 5 Sp., vorzugsweise in Ost- und Süd-Australien.

Nematolepis Turcz., Benth. l. c. p. 356. — Monotyp, der vorigen Gattung nahe verwandt; in West-Australien.

Chorilaena Endl., Benth. l. c. p. 356. — 2 Sp., in West-Australien. Diese Gattung ist sowohl mit der vorhergehenden als auch mit der folgenden nahe verwandt, was wohl der Gemeinsamkeit des Vegetationscentrums entspricht.

Diplolaena R. Brown. Benth. l. c. p. 357. — 4 Sp., alle auf West-Australien beschränkt.

Trib. II. *Zanthoxyleae.*

Bosistoa F. Muell., Benth. l. c. I, p. 359. — Monotype Gattung, in Queensland und N.-S.-Wales.

Melicope Forst., Benth. l. c. p. 359. — 3 Sp., alle in N.-S.-Wales, 2 auch in Queensland. Diese Gattung ist auch im oceanischen Florengebiete Bestandtheil des Hauptelements.

Medicosma Hook. f., Benth. l. c. p. 361. — Monotyp, in Queensland und N.-S.-Wales. Die Gattung ist der vorhergehenden zunächst verwandt.

Geijera Schott, Benth. l. c. p. 363. — 3 Sp., alle in Queensland, Eine auch in N.-S.-Wales und eine andere von grösserer Verbreitung in Australien.

Pentaceras Hook. f., Benth. l. c. p. 365. — Monotype Gattung in Queensland und N.-S.-Wales.

Ord. *Stackhousieae.*

Stackhousia Sm., Benth. l. c. p. 405. — 10 Sp., auf fast sämmtliche Theile Australiens vertheilt. Diese Gattung gehört auch dem Monsungebiete und Oceanien an, wo sie dem neuholländischen Nebenelement zufällt.

Ord. *Rhamneae.*

Ventilago Gaertn., Benth. l. c. p. 411. — 1 Sp., sowohl im Habitus als auch **in der Blüthenbildung** von allen Arten dieser Gattung abweichend. Im tropischen Neuholland und in N.-S.-Wales.

Alphitonia Reissek, Benth. l. c. p. 414. — Wahrscheinlich monotype Gattung, im tropischen Australien und N.-S.-Wales. Bildet auch einen Bestandtheil der oceanischen Flora.

Emmenospermum F. Muell., Benth. l. c. p. 414. — 2 Sp., beide im tropischen Australien, Eine auch in N.-S.-Wales. Die Gattung wird in der Cap-Flora durch die verwandte *Noltea* repräsentirt.

Pomaderris Labill., Benth. l. c. p. 415. — 18 Sp., mit Ausnahme von zwei Arten, die in West-Australien vorkommen, in den östlichen und südlichen Gebieten Australiens einheimisch. Zwei Arten erstrecken sich auch auf Neuseeland.

Trymalium Fenzl, Benth. l. c. p. 423. — 5 Sp., alle in West-Australien gefunden.

Spyridium Fenzl, Benth. l. c. p. 425. — 25 Sp., auf das aussertropische Neuholland vertheilt.

Stenanthemum Reissek, Benth. l. c. p. 435. — 6 Sp., davon 3 nur in West-, die übrigen auf Süd- und Ost-Australien vertheilt.

Cryptandra Sm., Benth. l. c. p. 437. — 21 Sp., die der Abtheilung *Eucryptandra* mehr in Ost- und Süd-Australien, die der Abtheilung *Wichurea* mehr in West-Australien verbreitet.

Ord. *Sapindaceae*.

Diploglottis Hook. f., Benth. l. c. p. 453. — Monotype Gattung. Habitus und Fruchtbildung von *Cupania*; Blüthen wie bei *Paullinia*. Queensland und N.-S.-Wales.

Diplopeltis Endl., Benth. l. c. p. 455. — 3 Sp., in West- und Nord-Australien.

Atalaya Blume, Benth. l. c. p. 462. — 4 Sp., alle im tropischen Neuholland; Eine Art auch in N.-S.-Wales; eine andere auch auf der Insel Timor.

Heterodendron Desf., Benth. l. c. p. 469. — 2 Sp., Eine nur in Queensland, die andere über den grössten Theil Australiens zerstreut.

Akania Hook. f., Benth. l. c. p. 471. — Monotype Gattung; verwandt der asiatischen *Harpullia*. Queensland und N.-S.-Wales.

*Dodonaea Linn., Benth. l. c. p. 472. — 39 Sp., mit Ausnahme der weit verbreiteten *D. viscosa* L., alle endemisch. Die Gattung kommt in allen Theilen Australiens vor.

Distichostemon F. Muell., Benth. l. c. p. 487. — Monotype Gattung, in Nord-Australien.

Series III. CALYCIFLORAE.

Ord. *Leguminosae*.

Subord. I. PAPILIONACEAE.

Trib. 1. *Podalyrieae*. (Alle Gattungen eutyp.)

Jansonia Kipp., Benth. l. c. II. p. 8. — Monotype Gattung, in West-Australien.

Brachysema R. Brown., Benth. l. c. p. 9. — 14 Sp. Die Section *Eubrachysema* (6 Formen) nur in West-Australien; die übrigen Formen theils ebendort, theils in Nord-Australien und Queensland.

*Oxylobium Andr., Benth. l. c. p. 14. — 27 Sp. Die Abtheilungen *Gastrolobioideae* (7 Formen) und *Racemosae* (4 Formen) nur in West-Australien; die übrigen Formen theils ebendort, theils in verschiedenen Theilen Australiens.

Chorizema Labill., Benth. l. c. p. 26. — 15 Sp., mit einer einzigen Ausnahme (*Ch. parviflorum* Benth.), in West-Australien.

Mirbelia Sm., Benth. l. c. p. 32. — 16 Sp., davon 9 in West-Australien, 6 in N.-S.-Wales und 1 in Nord-Australien.

Isotropis Benth. l. c. p. 38. — 7 Sp., davon 3 in West-, 2 in Nord- und 1 in Süd-Australien; 1 in Queensland.

Gompholobium Sm., Benth. l. c. p. 40. — 24 Sp., davon 15 in West-Australien und 8 in N.-S.-Wales.

Burtonia R. Brown. Benth. l. c. p. 49. — 7 Sp., davon 4 in West-, die übrigen im tropischen Australien.

Jacksonia R. Brown. Benth. l. c. p. 52. — 28 Sp., davon 23 in West-, die wenigen übrigen im tropischen Australien.

Sphaerolobium Sm. Benth. l. c. p. 63. — 13 Sp., mit Ausnahme einer in N. S. Wales, Victoria, Tasmanien und Süd-Australien verbreiteten Art sämmtlich in West-Australien.

Viminaria Sm. Benth. l. c. p. 68. — Monotype Gattung, verbreitet im ganzen aussertropischen Neuholland.

Daviesia Sm., Benth. l. c. — 55 Sp. Die der *Involucratae*, *Calamiformes* und *Verticales* sämmtlich in West-Australien. Im tropischen Neuholland kommen 7 Formen vor.

Aotus Sm., Benth. l. c. p. 89. — 10 Sp., die Mehrzahl in West-Australien.

Phyllota De Cand., Benth. l. c. p. 93. — 6 Sp.; davon 2 in West-Australien, die übrigen in verschiedenen Theilen Neuhollands.

*_Gastrolobium_ R. Brown, Benth. l. c. p. 96. — 32 Sp., sämmtlich in West-Australien.

Pultenaea Sm., Benth. l. c. p. 107. — 75 Sp., davon die Mehrzahl in N.-S.-Wales, Süd-Australien, Victoria und Tasmania, die wenigsten in Queensland.

Latrobea Meissn., Benth. l. c. p 140. — 6 Sp., alle in West-Australien.

Eutaxia R. Brown., Benth. l. c. p. 142. — 8 Sp., alle in West-Australien, Eine auch in Victoria und Süd-Australien.

Dillwynia Sm., Benth. l. c. p. 146. — 10 Sp., in allen Theilen Australiens, jedoch in keinem vorwiegend.

Trib. II. **Genisteae.** (Die Mehrzahl der Gattungen eutyp.)

Platylobium Sm., Benth. l. c. p. 152. — 3 Sp. vorzugsweise in Ost-Australien.

Bossiaea Vent., Benth. l. c. p. 154. — 34 Sp., davon 15 in West-Australien, 6 in N.-S.-Wales, 5 in Victoria und Tasmania, 1 im tropischen Australien und eben so viele von allgemein australischer Verbreitung.

*_Templetonia_ R. Brown., Benth. l. c. p. 168. — 7 Sp., davon nur 2 ausschliesslich in West- und 1 in Nord-Australien, die übrigen im extratropischen Neuholland von mehr allgemeiner Vertheilung.

Hovea R. Brown, Benth. l. c. p. 171. — 11 Sp., von diesen 6 in West- und 5 in Ost-Australien.

Goodia Salisb., Benth. l. c. p. 176. — 2 Sp., im extratropischen Neuholland.

Pentadynamis R. Brown, Benth. l. c. p. 185. — Monotype Gattung, in Süd-Australien.

Ptychosema Benth. l. c. p. 201. — Monotyp, in West-Australien.

Lamprolobium Benth. l. c. p. 202. — Monotyp, in Queensland.

Clianthus Soland., Benth. l. c. p. 214. — 1 Sp., im tropischen und aussertropischen Neuholland, eine zweite kommt nur in Neuseeland vor.

Swainsona Salisb., Benth. l. c. p. 214. — 22 Sp., vorherrschend in Ost-Australien. Nur Eine Form dieser Gattung findet sich ausschliesslich in Neuseeland, sie ist einer neuholländischen am nächsten verwandt.

Trib. VII. **Phaseoleae.**

Hardtenbergia Benth. l. c. p. 246. — 3 Sp.; davon 1 nur in West-Australien, 1 nur in Queensland, die dritte von mehr allgemein australischer Verbreitung.

*_Kennedia_ Vent., Benth. l. c. p. 247. — 11 Sp.; die Mehrzahl in West-Australien. Die tertiären Formen vertheilen sich auf die drei Abtheilungen der Gattung *(Eukennedia, Zychia* und *Physolobium)*.

Subord. III. MIMOSEAE.

*_Acacia_ Willd., Benth. l. c. p. 301. — 293 Sp., mit wenigen Ausnahmen in Australien endemisch. Der bei weitem grösste Theil derselben bildet die phyllodientragenden Formen. Nur wenige derselben erscheinen auch in Oceanien und im Monsumgebiete. Von der Abtheilung der *Bipinnata* kommen nur 22 Formen in Australien vor, darunter die in den Tropen der neuen und alten Welt verbreitete *A. farnesiana* Willd. Die Acacien vertheilen sich auf alle Theile Australiens, doch fällt die Mehrzahl dem westlichen zu; viele kommen auf das tropische Australien. Bemerkenswerth ist, dass die Acacien-Form der neuseeländischen Flora gänzlich fehlt.

Ord. Saxifrageae.

Trib. I. Escallonieae.

Abrophyllum Hook. f., Benth. l. c. II, p. 437. — Monotype Gattung; auf N.-S.-Wales beschränkt.
Anopterus Labill., Benth. l. c. p. 439. — 2 Sp., Eine in Tasmanien, die andere in Queensland und N.-S.-Wales.
Callicoma Andr., Benth, l. c. p. 440. — Monotyp; Queensland und N.-S.-Wales.
Anodopetalum A. Cunn., Benth. l. c. p. 440. — Monotyp; die subalpine Region in Tasmanien bewohnend.
Aphanopetalum Endl., Benth. l. c. p. 441. — 2 Sp., Eine in West-Australien, die andere in Queensland und N.-S.-Wales.
Ceratopetalum Sm., Benth. l. c. p. 442. — 2 Sp., beide in N.-S.-Wales. Diese Gattung ist in der europäischen Tertiärformation sehr verbreitet.
Schizomeria D. Don., Benth. l. c. p. 442, — Monotyp, in N.-S.-Wales.
Acrophyllum Benth. l. c. p. 443. — Monotyp, mit voriger in N.-S.-Wales.
Tetracarpaea Hook f., Benth. l. c. p. 445. — Monotype Gattung im subalpinen Tasmanien.
Eucryphia Cav., Benth. l. c. p. 446. — 2 Sp., eine in N.-S.-Wales, die Andere in Tasmanien. Diesen Arten entsprechen zwei chilenesische vollkommen, welche in der Flora von Chile zum neuholländischen Nebenelement zählen.
Bauera Banks, Benth. l. c. II. p. 447. — 3 Sp., auf Ost-Australien vertheilt.

Trib. II. Saxifrageae.

Cephalotus Labill., Benth. l. c. p. 448. — Monotype Gattung, in West-Australien.
Eremosyne Endl., Benth. l. c. p. 449. — Monotype Gattung, im gleichen Bezirk entstanden.

Ord. Droseraceae.

Byblis Salisb., Benth. l. c. p. 469. — 2 Sp., Eine im tropischen, die andere in West-Australien. Diese höchst merkwürdige Gattung lässt die Annahme zu, dass es Combinationen von Gattungen sogar verschiedener Familien gibt, die unter dem Einflusse der vor sich gegangenen Differenzirung der Florenelemente aus den Vegetationscentren ihren Ursprung genommen haben.

Ord. Haloragea.

Loudonia Lindl., Benth. l. c. p. 471. — 3 Sp., auf Süd-, West- und Ost-Australien vertheilt.
Haloragis Forst., Benth. l. c. p. 473. — 36 Sp.; die Hälfte derselben ist auf West-Australien, 5 Sp. auf N.-S.-Wales, 2 auf Nord-Australien, 1 auf Queensland, 1 auf Süd-Australien beschränkt; die übrigen haben in Australien eine grössere Verbreitung und von diesen erstrecken sich einige bis nach Neuseeland, eine bis nach Ost-Asien.
Meionectes R. Brown, Benth. l. c. p. 486. — Monotype Gattung, vorkommend in den meisten Theilen des extratropischen Australiens.

Ord. Myrtaceae.

Trib. I. Chamaelaucieae.

Actinodium Schauer, Benth. l. c. III. p. 5. — Monotype Gattung, in West-Australien.
Darwinia Rudge, Benth. l. c. p. 6. — 22 Sp. Von der Abtheilung *Genetyllis* kommen 2 Sp. in N.-S.-Wales, von der Abtheilung *Schuermannia* 2 Sp. in Süd-Australien und 1 Sp. in Queensland vor, alle übrigen Species sind in West-Australien einheimisch.
Homoranthus A. Cunn., Benth. l. c. p. 15. — Monotype Gattung, in Queensland und N.-S.-Wales.

Verticordia De Caud., Benth. l. c. p. 46. — 37 Sp. Mit Ausnahme Einer Art der Abtheilung *Euverticordia* und 2 Arten der Abtheilung *Catocalypta*, alle in West-Australien. Die erstgenannte Abtheilung schliesst sich an *Darwinia*, die letztere an *Chamaelaucium*.

Pileanthus Labill., Benth. l. c. p. 54. — 3 Sp., auf West-Australien beschränkt.

Chamaelaucium Desf., Benth. l. c. p. 55. — 10 Sp., alle in West-Australien.

Calythrix Labill., Benth. l. c. p. 59. — 34 Sp. Die Mehrzahl (24) in West-, 7 in Nord-Australien, 2 in Queensland und 1 von grösserer Verbreitung im aussertropischen Neuholland.

Lhotzkya Schau., Benth. l. c. p. 63. — 8 Sp., davon 6 in West- und 2 in Süd-Australien, von letzteren Eine auch in Victoria.

Homalocalyx F. Muell., Benth. l. c. p. 56. — 2 Sp., im tropischen Neuholland.

Thryptomene Endl., Benth. l. c. p. 57. — 17 Sp., davon 11 in West-, 2 in Nord-Australien, 1 in Victoria, 1 in Tasmanien, 1 in Süd-Australien und 1 ebendort und in N.-S.-Wales. Die Gattung vereinigt die Tracht von *Baeckea* mit den Merkmalen von *Chamaelaucium*.

Micromyrtus Benth. l. c. p. 63. — 7 Sp., davon 4 in West-Australien, 1 in N.-S.-Wales, 1 in Queensland und 1 von grösserer Verbreitung im aussertropischen Neuholland. Die Gattung steht mit der vorhergehenden in enger Verbindung.

Trib. II. Leptospermeae.

Scholtzia Schau., Benth. l. c. p. 66. — 12 Sp., alle in West-Australien.

Baeckea Linn., Benth. l. c. p. 71. — 42 Sp. Die Arten der Abtheilung *Rinzia* (6), *Oxymyrrhine* (5) und *Babingtonia* (11) kommen nur in West-Australien, *Schidiomyrtus* (9) und *Harmogia* (6) vorzugsweise in Ost-Australien, *Euryomyrtus* (5) in verschiedenen Theilen des Continents vor. Eine im tropischen und aussertropischen östlichen Neuholland verbreitete Art der Abtheilung *Harmogia* erreicht Neu-Caledonien. Die Gattung fällt den Nebenelementen des oceanischen, des Monsumgebietes und des chinesisch-japanesischen Gebietes zu.

Astartea De Caud., Benth. l. c. p. 89. — 3 Sp., davon 2 in West- und 1 in Nord-Australien.

Hypocalymma Endl., Benth. l. c. p. 91. — 12 Sp., alle in West-Australien. Die Gattung zeigt Analogien von *Baeckea* und *Leptospermum*.

Balaustion Hook., Benth. l. c. p. 95. — Monotype Gattung, in West-Australien.

Agonis De Caud., Benth. l. c. p. 96. — 10 Sp., alle auf West-Australien beschränkt. Die Gattung enthält Analogien von *Leptospermum*, *Melaleuca* und *Baeckea*.

Leptospermum Forst., Benth. l. c. p. 100. — 20 Sp. Diese zeigen vorherrschend eine grössere Verbreitung in Neuholland, hauptsächlich im östlichen. Nur die Abtheilung *Pericalymma* (3 Sp.) ist auf West-Australien beschränkt. Eine der am meisten (im tropischen und aussertropischen Neuholland) verbreiteten Arten erstreckt sich auch auf das Monsungebiet, eine andere von gleicher Verbreitung auf Neuseeland. Im genannten Gebiete und in Oceanien ist *Leptospermum* ein Glied des Hauptelements.

Kunzea Reichb., Benth. l. c. p. 111. — 15 Sp., die der Abtheilung *Eukunzea* fast ausschliesslich in West-Australien, die der Abtheilung *Salisia* meist in Ost-Australien vorkommend.

Callistemon R. Brown, Benth. l. c. p. 118. — 10 Sp., vorzugsweise in Ost-Australien.

Lamarchea Gaud., Benth. l. c. p. 123. — Monotype Gattung, in West-Australien.

Melaleuca Linn., Benth. l. c. p. 123. — 97 Sp. Die *Callistemoneae* fallen fast ausschliesslich, die *Capitatae* in der bei weitem grösseren Mehrzahl auf West-Australien; von den Abtheilungen *Laterales* und *Peltatae* sind nur je 2 im tropischen, die übrigen in West-Australien, die *Spiciflorae* sind fast gleichmässig in West- und Ost-Australien verbreitet; die *Decussatae* sind vorherrschend in Ost-, und die *Circumscissae* vorwiegend in Nord-Australien einheimisch. Die Gattung ist im Monsungebiete Bestandtheil der Nebenelemente.

Conothamnus Lindl., Benth., l. c. p. 163. — 2 Sp., nur in West-Australien vorkommend.

Beaufortia R. Brown, l. c. p. 164. — 12 Sp., alle auf West-Australien beschränkt. Die Gattung nahe verwandt mit *Melaleuca*.

Regelia Schau., Benth. l. c. p. 170. — 3 Sp., in West-Australien.
Phymatocarpus F. Muell., Benth. l. c. p. 171. — Monotype Gattung, in West-Australien. Mit *Regelia*, und *Beaufortia* und schliesslich auch mit *Melaleuca* verbunden.
Calothamnus Labill. Benth. l. c. p. 172. — 22 Sp., sämmtlich in West-Australien.
Eremaea Lindl., Benth. l. c. p. 180. — 5 Sp., alle in West-Australien.
Lagophora Cav., Benth. l. c. p. 183. — 4 Sp., alle in N.-S.-Wales, auch in Queensland.
*Eucalyptus L'Hér., Benth. l. c. p. 185. — 135 Sp. Die der Abtheilung *Renantherae* und *Heterostemones* vorzugsweise in Ost-Australien, von letzteren Eine auch in West- und 2 auch im tropischen Neuholland; die *Porantherae* und *Micrantherae* fast alle in Ost-Australien oder tropisch; die artenreichste Abtheilung *Normales* auf alle Gebiete, die tropischen nicht ausgeschlossen, ziemlich gleich vertheilt. Die Gattung ist nur noch im Monsumgebiet repräsentirt; ob dieselbe aber dort ursprünglich vorkommt und als Bestandtheil der Nebenelemente aufzufassen ist, erscheint noch des Mangels an endemischen Formen wegen zweifelhaft.

Tristania R. Brown, Benth. l. c. p. 216. — 8 Sp. Die Mehrzahl gehört dem tropischen Australien an. Die Gattung bildet einen Bestandtheil des australischen Nebenelements im Monsumgebiet und in Oceanien.

Syncarpia Ten., Benth. l. c. p. 265. — 2 Sp.; in Queensland und N.-S.-Wales.

Lysicarpus F. Muell., Benth. l. c. p. 266. — Monotyp, im tropischen Neuholland. Repräsentirt die ostindisch-oceanische Gattung *Metrosideros*. Letztere kommt aber in einer einzigen endemischen Art im tropischen Australien vor. ist demnach den Nebenelementen einzureihen. Das Gleiche gilt von der mit *Metrosideros* nahe verwandten oceanischen Gattung *Xanthostemon*, welche mit der eben genannten zu den Repräsentanten der Myrtaceen in Oceanien zählt.

Backhousia Hook. et Harv., Benth. l. c. p. 269. — 4 Sp., alle in Queensland, 2 auch in N.-S.-Wales.
Osbornia F. Muell., Benth. l. c. p. 271. — Monotype Gattung, auf Nord-Australien beschränkt.

Trib. III. *Myrteae*.

Rhodomyrtus De Cand., Benth. III, l. c. p. 271. — 4 Sp., alle in Queensland. 1 auch in N.-S.-Wales. Die Gattung zählt im Monsumgebiete zu den Nebenelementen.

Fenzlia Endl., Benth. l. c. p. 278. — 2 Sp., im tropischen Neuholland.

*Eugenia Linn. Benth. l. c. p. 280. — 16 Sp. Die Mehrzahl endemisch, alle im tropischen, nur 3 Sp. auch im aussertropischen Australien. Die Gattung zählt zum Hauptelement der meisten Tropenfloren.

Ord. *Umbelliferae*.

Trachymene Rudge, Benth. l. c. p. 347. — 12 Sp., davon 7 im tropischen, die meisten aber auch in verschiedenen Theilen des aussertropischen Australiens verbreitet. In Neu-Caledonien und Borneo ist die Gattung Nebenbestandtheil.

Siebera Reichb., Benth. l. c. p. 351. — 14 Sp., die Mehrzahl in West-, die übrigen meist in Ost-Australien.

Xanthosia Rudge, Benth. l. c. p. 357. — 17 Sp., die Mehrzahl in West-, nur Eine von grösserer Verbreitung im tropischen und aussertropischen Australien.

Diplaspis Hook. f., Benth. l. c. p. 366. — 2 Sp., in Ost-Australien.

Actinotus Labill., Benth. l. c. p. 367. — 7 Sp., die Mehrzahl in West-, die übrigen in Ost-Australien einheimisch.

Ord. *Araliaceae*.

Astrotriche De Cand., Benth. l. c. III, p. 379. — 4 Sp., alle in Ost-Australien.
Mackinlaya F. Muell., Benth. l. c. p. 383. — Monotype Gattung, in Queensland.
Brassaia Endl., Benth. l. c. p. 385. — Monotype Gattung, in Queensland.

Subclass. II. **MONOPETALAE.**

Ord. *Loranthaceae.*

Nuytsia R. Brown, Benth. l. c. p. 387. — Monotype Gattung, in West-Australien.
Atkinsonia F. Muell., Benth. l. c. p. 388. — Monotype Gattung, in Ost-Australien.
Nototixos Oliv., Benth. l. c. p. 396. — 3 Sp., alle im tropischen und 2 auch in N.-S.-Wales.

Ord. *Rubiaceae.*

Subtrib. *Anthospermeae.*

Opercularia Gaertn., Benth. III l. c. p. 432. — 14 Sp., die Mehrzahl in West-, die übrigen vorzugsweise in Ost- oder Süd-Australien.
Pomax Soland., Benth. l. c. p. 436. — Monotype Gattung, mit der vorigen nahe verwandt. Im tropischen (Queensland) und aussertropischen Australien verbreitet.
Eleuthranthes F. Muell., Benth. l. c. p. 437. — Monotype Gattung, in West-Australien.

Ord. *Compositae.*

Trib. *Vernoniaceae.*

Pleurocarpaea Benth. III l. c. p. 460. — Monotype Gattung, in Nord-Australien.

Trib. *Asteroideae.*

Olearia Moench., Benth. l. c. p. 463. — 63 Sp. Die Mehrzahl in Tasmanien, Victoria und N.-S.-Wales; darunter viele Gebirgs- und Alpenpflanzen. Ditype Gattung, zählt ihres häufigen Vorkommens in Neuseeland wegen auch zum oceanischen Haupt-Florenglied.
Minuria De Cand., Benth. l. c. p. 497. — 5 Sp., meist von grösserer Verbreitung in Australien. Die Gattung repräsentirt *Erigeron*.
Calotis R. Brown, Benth. l. c. p. 500. — 15. Sp., vorherrschend in Ost- und Süd-Australien oder von grösserer Verbreitung in Neuholland. Nur 1 Sp. ist auf Nord-Australien beschränkt.
Lagenophora Cass., Benth. l. c. p. 506. — 4. Sp., davon 1 im Monsumgebiet verbreitet. In Neuholland haben alle eine meist mehrere Bezirke umfassende Verbreitung. Die Gattung ist eugenetisch und zählt in Oceanien und im Monsumgebiete zu den Neben-Florengliedern.
Brachycome Cass., Benth. l. c. p. 508. — 35 Sp., alle endemisch, mehr in Ost- und Süd- als in West-Australien verbreitet. Diese eugenetische Gattung entstammt im oceanischen Gebiete den Nebenelementen.
Mouenteles Labill., Benth. l. c. p. 522. — 5 Sp., davon 2 auch in Oceanien und im Monsumgebiete, die übrigen endemisch, alle im tropischen Neuholland, nur 1 auch im aussertropischen (N.-S.-Wales und Süd-Australien).
Pterigeron De Cand., Benth. l. c. p. 531. — 7 Sp., alle im tropischen Australien, nur 1 auch im westlichen.
Coleocoma F. Muell., Benth. l. c. p. 533. — Monotype Gattung, an die vorhergehende enge sich anschliessend. In Nord-Australien.
Thespidium F. Muell., Benth. l. c. p. 534. — Monotype Gattung, ebenfalls nächst verwandt mit *Pterigeron*. In Nord-Australien.
Nablonium Cass., Benth. l. c. p. 545. — Monotyp; auf Tasmanien beschränkt.

Trib. *Anthemideae.*

Ceratogyne Turcz., Benth. l. c. p. 555. — Monotyp; in West-Australien.
Eduthanthus F. Muell., Benth. l. c. — Monotyp; in Süd-Australien und N.-S.-Wales.
Isoetopsis Turcz., Benth. l. c. p. 556. — Monotyp, fast im ganzen aussertropischen Neuholland.

Trib. **Gnaphalieae.**

Myriocephalus Benth. l. c. p. 557. — 8 Sp., alle im aussertropischen, und zwar die Mehrzahl in West-Australien.

Angianthus Wendl, Benth. l. c. p. 560. — 22 Sp., die Mehrzahl in West-Australien, alle im aussertropischen.

Gnephosis Cass., Benth. l. c. p. 569. — 12 Sp., die Mehrzahl in West-Australien, alle im aussertropischen. Die Gattung der vorigen sehr nahe verwandt.

Calocephalus R. Brown, Benth. l. c. p. 573. — 10 Sp. im aussertropischen, vorwiegend im westlichen Australien. Der Gattung *Gnephosis* sehr nahe verwandt.

Cephalipterum A Gray, Benth. l. c. p. 577. — Monotype, der vorigen nächst verwandte Gattung. In Süd- und West-Australien.

Gnaphalodes A. Gray, Benth. l. c. — 3 Sp., alle in West-Australien, 1 auch in den meisten Theilen des aussertropischen Continents.

Chthonocephalus Steetz, Benth. l. c. p. 581. — 3 Sp., Verbreitung wie bei vorhergehender.

Ixodia R. Brown, Benth. l. c. p. 583. — Monotype der folgenden nahe verwandte Gattung, in Victoria und Süd-Australien.

Ammobium R. Brown, Benth. l. c. — 2 Sp., in N.-S.-Wales.

Cassinia R. Brown, Benth. l. c. p. 584. — 13 Sp., alle endemisch und mit einer einzigen Ausnahme in N.-S. Wales. Einige Sp. kommen auch in anderen aussertropischen Gebieten und 1 auch im tropischen Australien vor. Die Gattung schliesst sich der folgenden enge an.

Humea Sm., Benth. l. c. p. 589. — 4 Sp., theils in Süd-, theils in Ost-Australien.

Pithocarpa Lindl., Benth. l. c. p. 590. — Monotype Gattung, in West-Australien.

Eriochlamys Send. et Muell., Benth. l. c. — Monotyp in N.-S.-Wales und Süd-Australien.

Acomis F. Muell., Benth. l. c. p. 591. — 2 Sp., 1 in N.-S.-Wales, 1 in Queensland. Schliesst sich in manchen Eigenschaften der Gattung *Rutidosis* an.

Toxanthus Turcz., Benth. l. c. p. 592. — 2 Sp., beide in Süd-Australien, 1 auch im westlichen.

Scyphocoronis A. Gray, Benth. l. c. — Monotype Gattung, auf West-Australien beschränkt.

Rutidosis De Cand., Benth. l. c. p. 593. — 7 Sp., die Mehrzahl in Ost-Australien, 3 Sp. im tropischen (Queensland oder Nord-Australien).

Quinetia Cass., Benth. l. c. p. 595. — Monotyp; in West-Australien.

Millotia Cass., Benth. l. c. — 2 Sp., beide in N.-S.-Wales, 1 auch in den übrigen Theilen des aussertropischen Neuholland.

Ixiolaena Benth. l. c. p. 596. — 5 Sp. Die Mehrzahl in Ost- und Süd-Australien, 2 auch im tropischen. Die Gattung ist nahe verwandt mit *Helichrysum*.

Athrixia Ker., Benth. l. c. p. 598. — 5 Sp., alle endemisch und in West-Australien vorkommend, 1 auch in Victoria und Süd-Australien. Die ditype Gattung zählt auch zum Hauptelement der Cap-Flora, in welcher 6 Sp. derselben enthalten sind, darunter die am meisten verbreitete *A. capensis*, welche der *A. australis* Steetz sehr nahe steht.

Podotheca Cass., Benth. l. c. p. 600. — 5 Sp., alle in West-, 1 auch in Süd-Australien und Victoria.

Podolepis Labill., Benth. l. c. p. 602. — 12 Sp., vorwiegend in West- und Ost-Australien, 3 auch im tropischen (Queensland). Die Gattung verwandt mit *Athrixia* und *Helichrysum*.

Leptorhynchus Less., Benth. l. c. p. 607. — 8 Sp., vorwiegend in Ost- und Süd-Australien, im tropischen fehlend.

Schoenia Cass., Benth. l. c. p. 611. — Monotyp, in Süd- und West-Australien verbreitet.

Waitzia Wendl, Benth. l. c. p. 634. — 5 Sp., alle in West-Australien, 1 auch in Victoria und Süd-Australien. Die Gattung schliesst sich enge den Gattungen *Leptorhynchus*, *Helichrysum* und *Helipterum* an.

Helipterum De Cand., Benth. l. c. p. 637. — 30 Sp., alle endemisch, die Mehrzahl in West-, doch viele derselben auch in Ost- und Süd-Australien, 5 Sp. im tropischen Neuholland. Die Gattung ist dityp und gehört zugleich zum Hauptelement der Cap-Flora.

Pterygopappus Hook. f., Benth. l. c. p. 656. — Monotype Gattung in Tasmanien.

Stuartina Sond., Benth. l. c. — Monotyp in Victoria und Süd-Australien.

Trib. *Senecionidae.*

Bedfordia De Cand., Benth. l. c. p. 673. — 2 Sp., beide in Tasmanien, 1 auch in Victoria. Das Geschlecht zunächst verwandt mit *Senecio*.

Ord. *Stylidieae.*

Stylidium Swartz, Benth. l. c. IV, p. 1. — 83 Sp., mit Ausnahme einer einzigen in das Monsumgebiet übergreifenden Art. alle endemisch. Die Arten der Sect. *Rhynchangium* und der zur Sect. *Tolypangium* gehörenden Ser. *Squamosae, Peltigerae, Diversifoliae, Verticillatae* und *Imbricatae* kommen nur in West-Australien, die zu eben dieser Section zählenden Ser. *Lineares* und *Spathulatae*, sowie auch die zur Sect. *Nitrangium* gehörende Ser. *Thyrsiformes* der Mehrzahl nach im erwähnten Gebiete vor. Die zu *Tolypangium* zählende Ser. *Androsaceae* ist vorherrschend in Süd-, die der *Sparsiflorae* zu gleichen Theilen in West- und Ost-Australien, endlich die zu *Nitrangium* gehörenden Ser. *Tenellae* und *Corymbulosae* zu gleichen Theilen im tropischen und in West-Australien verbreitet.

Levenhookia R. Brown, Benth. l. c. p. 33. — 7 Sp., mit einer Ausnahme alle in West-Australien; 1 auch in Süd-Australien und Victoria, 1 nur in letzterem Gebiete. Die Gattung sehr nahe verwandt der vorigen.

Ord. *Goodeniaceae.*

Leschenaultia R. Brown, Benth. l. c. p. 38. — 16 Sp.; die der Sect. *Euleschenaultia* auf West-Australien beschränkt, die der Sect. *Latouria* in Süd- und Nord-Australien, sowie in Queensland verbreitet.

Anthotium R. Brown, Benth. l. c. p. 44. — 2 Sp., nur in West-Australien. Die Gattung verbindet Eigenschaften von *Dampiera* und *Leschenaultia*.

Velleia Sm., Benth. l. c. p. 45. — 12 Sp., auf verschiedene Gebiete des aussertropischen und tropischen Neuholland vertheilt. Die Gattung steht der *Goodenia* sehr nahe.

Goodenia Sm., Benth. l. c. p. 50. — 69 Sp., auf die aussertropischen Theile des Continents ziemlich gleichmässig vertheilt, viele Arten in einigen oder mehreren zugleich vorkommend.

Calogyne R. Brown, Benth. l. c. p. 80. — 2 Sp., beide in tropischen, 1 auch im westlichen Australien. Diese eugenetische Gattung zählt auch zu den Neben-Florengliedern des chinesisch-japanesischen Gebiets. Voriger sehr nahestehend.

Selliera Cav. Benth. l. c. p. 81. — 2 Sp., die Eine in Süd- und Ost-Australien, die Andere in West-Australien verbreitet; erstere kommt auch in Neuseeland und im extratropischen Südamerika vor. Steht gleichfalls in naher Beziehung zu *Goodenia*.

Catosperma Benth. l. c. p. 83. — Monotype Gattung in Nord-Australien. Verbindet manche Eigenschaften von *Goodenia* und *Scaevola*.

Scaevola Linn., Benth. l. c. p. 83. — 50 Sp., mit wenigen Ausnahmen alle endemisch. Auf verschiedene Gebiete des Continents vertheilt, viele in den tropischen Theilen; die Mehrzahl aber in West-Australien. Die Gattung gehört auch zum australischen Gliede der Cap-Flora.

Diaspasis R. Brown, Benth. l. c. p. 104. — Monotype Gattung, nahe verwandt der vorigen, nur in West-Australien gefunden.

Verreauxia Benth. l. c. p. 105. — 2 Sp., in West-Australien. Die Gattung verbindet Merkmale in der Blüthen- und Samenbildung von *Goodenia* mit Merkmalen des Ovariums und der Fruchtbildung von *Dampiera*.

Dampiera R. Brown, Benth. l. c. p. 106. — 34 Sp., die der Sect. I *Linschotenia*, 11 *Dicoelia* und Sect. III *Camptospora* in West-Australien, die der übrigen in verschiedener Vertheilung.

Brunonia Sm., Benth. l. c. p. 120. — Monotype Gattung, mit Ausnahme von Nord-Australien in allen Gebieten des Continents verbreitet.

Ord. *Campanulaceae.*

Pratia Gaud., Benth. l. c. p. 131. — 6 Sp., alle endemisch, vorherrschend in den Gebirgen und Alpen von Victoria. Die pleiotype Gattung gehört in Oceanien und im extratropischen Südamerika zum Hauptelement.

Isotoma Lindl., Benth. l. c. p. 134. — 6 Sp., auf das tropische, vorzugsweise aber auf das aussertropische Neuholland vertheilt.

Ord. *Epacrideae.*

Trib. *Styphelieae.*

Styphelia Smith., Benth. l. c. IV, p. 145. — 11 Sp., die Sect. *Eustyphelia* vorzugsweise in Ost-, die Sect. *Soleniscia* meist in West-Australien einheimisch.

Coleanthera Stschegl., Benth. l. c. p. 150. — 3 Sp., alle in West-Australien gefunden.

Astroloma R. Brown, Benth. l. c. p. 151. — 18 Sp., allein in West-Australien mit Ausnahme einer in allen aussertropischen Theilen des Continents und 2 in Ost- und Süd-Australien verbreiteten Arten.

Conostephium Benth. l. c. p. 159. — 5 Sp., auf West-Australien beschränkt. Das Geschlecht ist näher verwandt mit dem vorhergehenden.

Melichrus R. Brown, Benth. l. c. p. 161. — 2 Sp., beide in Queensland und N.-S.-Wales, 1 auch in Victoria.

Pentachondra R. Brown, Benth. l. c. p. 163. - 4 Sp., alle in den Hochgebirgen von Tasmanien, 1 auch auf Alpen in Victoria, letztere Art auch in Neuseeland. Verwandt mit der folgenden Gattung.

Trochocarpa R. Brown, Benth. l. c. p. 165. — 6 Sp., die Mehrzahl theils in Tasmanien, theils in Victoria, nur 1 in West-Australien.

Cyathodes Labill., Benth. l. c. p. 167. — 8 Sp., alle in Ost-Australien (Tasmanien) gebirgbewohnend. Eine Art, die auch in Victoria vorkommt, ist bis Neuseeland verbreitet. Das pleiotype Geschlecht reiht sich im Monsum- und dem oceanischen Gebiete dem Haupt-Florengliede ein.

Brachyloma Sond., Benth. l. c. p. 171. 6 Sp., die der Sect. *Lobopogon* vorherrschend in West-, die von *Lissanthoides* vorzugsweise in Ost-Australien (Victoria und Tasmanien); von letzteren 1 Art auch im tropischen Gebiete.

Needhamia R. Brown, Benth. l. c. p. 174. -- Monotype Gattung, in West-Australien, zum Theile an *Leucopogon* sich anschliessend.

Lissanthe R. Brown, Benth. l. c. p. 175. — 3 Sp., alle in Ost-Australien, 1 Art auch im südlichen.

Leucopogon R. Brown, Benth. l. c. p. 176. — 118 Sp. Die Mehrzahl der Arten fällt West-Australien zu; viele Arten sind im tropischen Neuholland, mehrere in Victoria und Tasmanien und in N.-S.-Wales verbreitet. Die Gattung ist eugenetisch und noch in den Nebengliedern der Floren des oceanischen und des Monsumgebietes enthalten.

Acrotriche R. Brown, Benth. l. c. p. 225. — 8 Sp., vorzugsweise in Süd-Australien einheimisch; 4 auch in Ost- und 3 auch in West-Australien.

Monotoca R. Brown, Benth. l. c. p. 229. — 6 Sp., die Mehrzahl in Ost-Australien. Das Geschlecht sehr nahe verwandt mit *Leucopogon*.

Oligarrhena R. Brown, Benth. l. c. p. 232. — Monotype Gattung, nur in West-Australien. Der Gattung *Leucopogon* einigermassen nahekommend.

Trib. **Epacreae.**

Epacris Cav., Benth. l. c. — 22 Sp., mit wenigen Ausnahmen endemisch und vorherrschend in Ost-Australien verbreitet; einige in Victoria und Tasmanien gebirgbewohnend. Die Gattung ist dityp und zählt zum Hauptelement der neuseeländischen Flora.

Lysinema R. Brown, Benth. l. c. p. 242. — 6 Sp. Mit Ausnahme einer in Queensland und N.-S.-Wales verbreiteten Art alle in West-Australien. Die Gattung sehr nahe verwandt mit *Epacris*.

Archeria Hook. f., Benth. l. c. p. 245. — 3 Sp., alle endemisch in Tasmanien, gebirgbewohnend. Die ditype Gattung ist zugleich dem Hauptelemente der neuseeländischen Flora entsprungen.

Prionotes R. Brown, Benth. l. c. p. 246. — 1 Sp. in den tasmanischen Hochgebirgen. Eine zweite Art dieser Gattung ist im aussertropischen Süd-Amerika verbreitet.

Cosmelia R. Brown, Benth. l. c. p. 247. — Monotype Gattung, in West-Australien, sehr nahe verwandt mit *Epacris*.

Sprengelia Sm., Benth. l. c. p. 248. — 3 Sp., alle in Ost-Australien verbreitet, nur 1 auch in Süd-Australien.

Andersonia R. Brown, Benth. l. c. p. 249. — 19 Sp., sämmtlich in West-Australien. Die Gattung der vorigen sehr nahestehend.

Richea R. Brown, Benth. l. c. p. 257. — 8 Sp., alle gebirgbewohnend in Tasmanien, 1 auch in Victoria. Theilt die Tracht der folgenden.

Dracophyllum Labill., Benth. l. c. p. 261. — 9 Sp., mit Ausnahme einer auch in Neuseeland vorkommenden Art, alle endemisch. Die Mehrzahl derselben in West-Australien, 2 gebirgbewohnend in Tasmanien. Die Gattung zählt im oceanischen Gebiete zum Hauptelement.

Ord. **Ebenaceae.**

Cargillia R. Brown, Benth. l. c. p. 287. — 4 Sp., davon 1 auch im Monsungebiet, die übrigen endemisch; mit Ausnahme einer nur in N.-S.-Wales vorkommenden Art alle im tropischen Neuholland, die meisten aber auch in Ost-Australien.

Ord. **Jasmineae.**

Notelaea Vent., Benth. l. c. p. 298. — 6 Sp., alle in Ost-Australien, darunter 3 in Queensland.

Ord. **Apocynaceae.**

Lyonsia R. Brown, Benth. l. c. p. 319. — 10 Sp., die meisten in Queensland und in N.-S.-Wales; 1 nur in West-Australien, 1 in Victoria und Tasmanien. Schliesst sich an die ostindische Gattung *Parsonsia*, die mit 4 endemischen Arten auch in Neuholland erscheint, enge an.

Ord. **Asclepiadeae.**

Gymnanthera R. Brown, Benth. l. c. p. 326. — Monotype, die körnige Pollenmassen bildenden Asclepiadeen in Australien repräsentirende Gattung. Im tropischen Neuholland.

Microstemma R. Brown, Benth. l. c. p. 344. — 2 Sp., im tropischen Australien. Repräsentirt mit der folgenden die weiche glatte Pollenmassen bildenden Asclepiadeen und schliesst sich enge an die asiatische Gattung *Leutasenne*.

Thozetia F. Muell., Benth. l. c. p. 347. — Monotyp, in Queensland; ist der *Hoya* nahe verwandt, vereinigt aber auch Blütenmerkmale von *Marsdenia*.

Ord. **Loganiaceae.**

Mitrasaeme Labill., Benth. l. c. p. 349. — 27 Sp., davon 2—3 auch im tropischen Asien, die übrigen endemisch. Die Mehrzahl im tropischen Neuholland, einige in Victoria und Tasmanien bergbewohnend.

Logania R. Brown, Benth. l. c. p. 360. — 17 Sp., alle endemisch. Die Gattung ist nur noch in der Flora Neuseelands durch 2 Arten vertreten.

Ord. *Gentianeae.*

Villarsia Vent., Benth. l. c. p. 374. — 9 Sp., alle endemisch und mit Ausnahme einer einzigen in Ost- und Süd-Australien verbreiteten Art, im westlichen Gebiete. Diese eugenetische Gattung gehört zu den Nebenelementen der südafrikanischen und der nordamerikanischen Flora.

Liparophyllum Hook. f., Benth. l. c. p. 381. — Monotyp, auf Tasmanien beschränkt, der Gattung *Limnanthemum* nahe verwandt.

Ord. *Boragineae.*

Halgania Gaudich. Benth. l. c. p. 400. — 8 Sp.; mit einer einzigen Ausnahme kommen alle in West-Australien vor, doch finden sich 3 auch in östlichen Gebieten und 1 ist auf Nord-Australien beschränkt. Die Gattung vereinigt Analogien mit dem Blüthenbau von *Trichodesma* und solche mit der Fruchtbildung von *Euheliotropium*.

Ord. *Convolvulaceae.*

Polymeria R. Brown, Benth. l. c. p. 431. — 7 Sp., alle im tropischen Neuholland, einige auch in N.-S.-Wales. Das Geschlecht ist nächst verwandt mit *Convolvulus*.

Wilsonia R. Brown, Benth. l. c. p. 439. — 3 Sp., im aussertropischen Neuholland, besonders im südlichen und östlichen Theile.

Ord. *Scrophularineae.*

Duboisia R. Brown, Benth. l. c. p. 473. — Monotype Gattung, in Queensland und N.-S.-Wales; kommt auch in Neu-Caledonien vor.

Anthocercis Labill., Benth. l. c. p. 474. — 18 Sp. Die der Sect. *Euanthocercis* kommen mit einer einzigen Ausnahme in West-, die der Sect. *Cyphanthera* vorherrschend in Ost-Australien vor.

Morgania R. Brown, Benth. l. c. p. 487. — 4 Sp., alle im tropischen, 2 auch im aussertropischen Neuholland.

Microcarpaea R. Brown, Benth. l. c. p. 500. — Monotype Gattung, im tropischen Australien und Asien.

Glossostigma Arn., Benth. l. c. p. 501. — 3 Sp., von diesen nur 1 auf das westliche Australien beschränkt, 1 in Queensland, im tropischen Asien und Afrika, und 1 in Ost-Australien und in Neuseeland verbreitet.

Hemiarrhena Benth. l. c. p. 518. — Monotype, die Unterordnung der *Rhinantheen* repräsentirende Gattung; in Nord-Australien einheimisch.

Ord. *Lentibularieae.*

Polypompholyx Lehm., Benth. l. c. p. 532. — 2 Sp., in West-Australien, 1 auch in Ost- und Süd-Australien.

Ord. *Gesneriaceae.*

Fieldia A. Cunn., Benth. l. c. p. 534. — Monotype Gattung, in N.-S.-Wales und Victoria.

Ord. *Bignoniaceae.*

Hausmannia F. Muell., Benth. l. c. p. 539. — Monotype Gattung; Queensland.

Diplanthera R. Brown, Benth. l. c. p. 540. — Monotyp, in Queensland; der neucaledonischen Gattung *Deplanchea* in mehreren Merkmalen sehr analog.

Ord. *Myoporineae.*

*Myoporum Banks et Soland., Benth. l. c. V. p. 2. — 13 Sp., davon einige auch in Neu-Caledonien vorkommend; die übrigen endemisch. Das eugenetische Geschlecht zählt zu den Neben-Elementen der oceanischen und der Monsun-Flora.

Pholidia R. Brown, Benth. l. c. p. 9. — 15 Sp., vorherrschend entweder in West- oder in Süd-Australien verbreitet, nur wenige in N.-S.-Wales oder Victoria.

Eremophila R. Brown, Benth. l. c. p. 15. — 32 Sp., auf die Gebiete des aussertropischen und tropischen Neuholland ziemlich gleichmässig vertheilt.

Ord. *Verbenaceae.*

Lachnostachys Hook., Benth. l. c. p. 37. — 4 Sp., alle in West-Australien einheimisch.

Newcastlia F. Muell., Benth. l. c. p. 39. — 2 Sp., in Nord-Australien vorkommend. Die Gattung vereinigt Eigenschaften von beiden folgenden, an welche sie sich enge anschliesst.

Mallophora Endl., Benth. l. c. p. 41. — Monotyp, einheimisch in West-Australien.

Physopsis Turczan., Benth. l. c. p. 40. — Monotype Gattung, in West-Australien.

Dicrastyles Drumm., Benth. l. c. p. 42. — 5 Sp., mit Ausnahme einer in Nord-Australien einheimischen Art alle in West-Australien. Die Gattung ist verwandt mit *Mallophora*.

Chloanthes R. Brown, Benth. l. c. p. 44. — 4 Sp., vorherrschend in Ost-Australien.

Pityrodia R. Brown, Benth. l. c. p. 46. — 12 Sp. vorherrschend in West-Australien, 2 Arten im tropischen Neuholland.

Cyanostegia Turczan., Benth. l. c. p. 53. — 3 Sp., davon 2 in West- und 1 in Nord-Australien. Die Gattung nahe verwandt der vorhergehenden.

Denisonia F. Muell., Benth. l. c. p. 54. — Monotype Gattung, in Nord-Australien.

Spartothamnus A. Cunn., Benth. l. c. p. 55. — Monotyp, in Queensland und N.-S.-Wales. Die Gattung nahe verwandt der *Pityrodia*.

Ord. *Labiatae.*

Prostanthera R. Brown, Benth. l. c. V, p. 91. — 38 Sp., die Mehrzahl der Arten in Ost-Australien. Diese und die folgenden Gattungen der Familie gehören zu der sehr eigenthümlichen Abtheilung der Prostanthereen.

Hemiandra R. Brown, Benth. l. c. p. 108. — 3 Sp., alle in West-Australien.

Hemigenia R. Brown, Benth. l. c. p. 110. — 22 Sp., mit Ausnahme zweier nur in N.-S.-Wales beobachteter Arten sämmtlich auf West-Australien beschränkt.

Microcorys R. Brown, Benth. l. c. p. 120. — 15 Sp., alle in West-Australien einheimisch.

Westringia Sm., Benth. l. c. p. 127. — 11 Sp., davon nur 5 in West-, die übrigen meist in Ost-Australien, 3 auch in Queensland einheimisch.

Subclass. MONOCHLAMYDEAE.

Ord. *Phytolaccaceae.*

Didymothera Hook. f., Benth. l. c. p. 144. — Monotype in Tasmanien, Süd- und West-Australien verbreitete Gattung.

Gyrostemon Desf., Benth. l. c. p. 145. — 3 Sp., alle in West-Australien, aber 1 auch in Nord-Australien und 1 im östlichen und südlichen Theile des Continents verbreitet.

Codonocarpus A. Cunn., Benth. l. c. p. 147. — 3 Sp., davon 1 in Süd-, 1 in Ost- und 1 in Nord-Australien, sowie in den meisten aussertropischen Gebieten des Continents vorkommend.

Tersonia Moq., Benth. l. c. p. 149. — 2 Sp., auf West-Australien beschränkt.

Ord. *Chenopodeae.*

Trib. 1. *Chenopodiae.*

Rhagodia R. Brown, Benth. l. c. p. 151. — 12 Sp., davon 5 in Queensland und 1 in Nord-Australien, die übrigen nur im aussertropischen Neuholland.

4*

Dysphania R. Brown, Benth. l. c. p. 164. — 3 Sp., davon 2 in Nord-, 1 im aussertropischen Australien. Repräsentirt das Geschlecht *Chenopodium*.

Trib. 2. *Camphorosmeae*.

Enchylaena R. Brown, Benth. l. c. p. 180. — 5 Sp., in verschiedenen Theilen des australischen Continents. Repräsentirt die Gattung *Kochia*.

Babbagia F. Muell., Benth. l. c. p. 192. — Monotype Gattung, in N.-S.-Wales und Süd-Australien.
Didymanthus Endl., Benth. l. c. p. 193. — Monotyp, nur in West-Australien.
Sclerolaena R. Brown. Benth. l. c. — 6 Sp., die Mehrzahl in Süd- und Ost-Australien.
Threlkeldia R. Brown. Benth. l. c. p. 196. — 4 Sp., die Mehrzahl in Ost-Australien.
Anisacantha R. Brown. Benth. l. c. p. 198. — 6 Sp., vorherrschend in Ost-Australien.

Ord. *Amaranthaceae*.

Hemichroa R. Brown. Benth. l. c. p. 211. — 2 Sp., meist im aussertropischen Neuholland. Repräsentirt das Geschlecht *Polycnemum*.
Trichinium R. Brown, Benth. l. c. p. 217. — 47 Sp., auf fast alle Gebiete Australiens vertheilt. Die Gattung zählt auch zum australischen Florengliede der Cap-Flora.
Ptilotus R. Brown. Benth. l. c. p. 241. — 10 Sp., davon 5 in Nord-, die übrigen in Süd- oder West-Australien.
Nyssanthes R. Brown, Benth. l. c. p. 246. — 2 Sp., in Queensland und N.-S.-Wales verbreitet.

Ord. *Monimiaceae*.

Doryphora Endl., Benth. l. c. V, p. 283. — Monotype Gattung, auf N.-S.-Wales beschränkt.
Daphnandra Benth. l. c. V, p. 285. — Monotype Gattung, in Queensland und N.-S.-Wales verbreitet.
Palmeria F. Muell., Benth. l. c. p. 291. — 2 Sp., in Queensland.
Piptocalyx Oliv., Benth. l. c. p. 292. — Monotyp, in N.-S.-Wales.

Ord. *Laurineae*.

Cassyta Linn., Benth. l. c. p. 308. — 11 Sp., davon 1 im tropischen Afrika, Asien und Amerika verbreitet, die übrigen endemisch. Das Geschlecht enthält ausser diesen nur noch 1—2 Sp. in Süd-Afrika und 1 in Borneo. 6 Arten kommen im tropischen Neuholland vor.

Ord. *Proteaceae*.

Subord. NUCAMENTACEAE.

Petrophila R. Brown, Benth. l. c. p. 319. — 35 Sp., beschränkt auf das aussertropische, besonders auf das westliche Australien.
Isopogon R. Brown, Benth. l. c. p. 336. — 29 Sp., mit Ausnahme von 4 Sp. alle in West-Australien.
Adenanthos Labill., Benth. l. c. p. 350. — 14 Sp., mit Ausnahme einer einzigen alle in West-Australien.
Stirlingia Endl., Benth. l. c. p. 356. — 5 Sp., sämmtlich in West-Australien.
Synaphaea R. Brown, Benth. l. c. p. 359. — 8 Sp., alle auf West-Australien beschränkt.
Conospermum Sm., Benth. l. c. p. 362. — 33 Sp., vorzugsweise im aussertropischen, die grössere Zahl in West-Australien.
Franklandia R. Brown, Benth. l. c. p. 376. — 2 Sp., nur in West-Australien.
Symphonema R. Brown, Benth. l. c. p. 377. — 2 Sp., nur in Ost-Australien.
Bellendena R. Brown, Benth. l. c. p. 378. — Monotype Gattung, auf Hochgebirgen in Tasmanien.
Agastachys R. Brown, Benth. l. c. p. 379. — Monotyp, in Tasmanien.
Cenarrhenes Labill., Benth. l. c. — Monotyp, in Tasmanien.

Persoonia Sm., Benth. l. c. p. 380. — 59 Sp., alle endemisch. Mit Ausnahme einer neuseeländischen Art ist das Geschlecht nur in Neuholland verbreitet, und zwar die Section I *Pycnostyles* und die Section II *Acranthera* fast ausschliesslich in West-Australien, die Section III *Amblyanthera* hingegen mit Ausnahme von 3 Arten nur in Ost-Australien.

Subord. **FOLLICULARES**.

*Helicia Lour., Benth. l. c. p. 404. — 4 Sp., alle endemisch. Die eugenetische Gattung zählt im tropischen Asien und in Japan zum nenholländischen Nebenelement.

Macadamia F. Muell., Benth. l. c. p. 406. — 3 Sp., in Ost-Australien verbreitet. Die Gattung ist der vorhergehenden nahe verwandt.

Xylomelum Sm., Benth. l. c. p. 407. — 4 Sp., davon 2 in West- und 2 in Ost-Australien.

Carnarvonia F. Muell., Benth. l. c. p. 409. — Monotype Gattung. in Queensland.

Orites R. Brown, Benth. l. c. p. 410. — 6 Sp., ausschliesslich in Ost-Australien, namentlich in Tasmanien und Victoria gebirgbewohnend.

*Lambertia Sm., Benth. l. c. p. 413. — 8 Sp., alle im aussertropischen und mit einer einzigen Ausnahme in West-Australien.

Adenostephanus Kl., Benth. l. c. p. 416. — 1 Sp., endemisch. Das Geschlecht bildet einen wichtigen Bestandtheil des neuholländischen Nebenelements in der Flora Brasiliens.

*Grevillea R. Brown., Benth. l. c. p. 417. — 156 Sp. Die Sect. *Calothyrsus* vorherrschend im tropischen Neuholland; von der Sect. *Lissostylis* ist Ser. 1 nur in Ost-Australien, Ser. 3 nur in West-Australien verbreitet. Die Arten der Sectionen *Eugrevillea*, *Anadenia* und *Manglesia* kommen vorherrschend in West-Australien, die der übrigen in verschiedenen Theilen des Continents vor. Das Geschlecht ist eugenetisch und gehört zum neuholländischen Nebenelement der oceanischen Flora.

*Hakea Schrad., Benth. l. c. p. 489. — 95 Sp. Die der Sect. *Grevilleoides* meist tropisch, die der Sectionen *Euhakea* und *Conogynoides* meist west-australisch; die Sect. *Manglesioides* ausschliesslich in West-Australien.

Buckinghamia F. Muell., Benth. l. c. p. 532. — Monotype Gattung, in Queensland.

Darlingia F. Muell., Benth. l. c. p. 533. — Monotyp, auf Queensland beschränkt.

Telopea R. Brown, Benth. l. c. — 3 Sp. in Ost-Australien verbreitet.

*Lomatia R. Brown. Benth. l. c. p. 535. — 6 Sp., alle endemisch. Die eugenetische Gattung gehört zu den Repräsentanten der Proteaceen in der Flora des aussertropischen Südamerika.

Cardwellia F. Muell., Benth. l. c. V. p. 538. — Monotype Gattung im tropischen Neuholland.

Stenocarpus R. Brown. Benth. l. c. p. 539. — 3 Sp., alle endemisch, im tropischen Neuholland, 2 auch in N.-S.-Wales. Diese eugenetische Gattung zählt zu den Repräsentanten der Proteaceen in der oceanischen Flora.

*Banksia Linn. f., Benth. l. c. p. 541. — 46 Sp., die grössere Zahl derselben in West-Australien einheimisch. Nur zwei im östlichen Australien verbreitete Arten erstrecken sich auch auf den tropischen Theil des Continents. Eine Art scheint ausschliesslich tropisch zu sein, ist aber sehr nahe verwandt einer in Ost-Australien verbreiteten Art.

*Dryandra R. Brown., Benth. l. c. p. 562. — 47 Sp., sämmtlich auf West-Australien beschränkt.

Ord. **Thymeleae**.

*Pimelea Banks et Soland., Benth. l. c. VI. p. 1. — 67 Sp., mit Ausnahme einer einzigen auch in Neuseeland vorkommenden sämmtlich endemisch. Die der Sect. *Thecanthes* alle im tropischen, die der Sect. *Epimelea* im östlichen Australien einheimisch. Von den Sectionen *Heterolaena* und *Multistachys* sind sämmtliche, von der Sect. *Calyptrostegia* die Mehrzahl der Arten auf West-Australien beschränkt; die übrigen Sectionen haben meist eine grössere Verbreitung. Die Gattung ist eugenetisch und zählt zum neuholländischen Nebenelement in der neuseeländischen Flora.

Ord. **Euphorbiaceae.**

Calycopeplus Planch., Benth. l. c. VI, p. 52. — 2 Sp., wie alle folgenden endemisch, nur in West-Australien. Die Gattung repräsentirt *Euphorbia*.
Poranthera Rudge, Benth. l. c. p. 54. — 5 Sp., auf fast sämmtliche Gebiete des Continents vertheilt.
Micrantheum Desf., Benth. l. c. p. 57. — 2 Sp., in Ost-Australien verbreitet.
Pseudanthus Sieb., Benth. l. c. p. 58. — 7 Sp., davon 5 in Ost- und 2 in West-Australien.
Stachystemon Planch., Benth. l. c. p. 61. — 3 Sp., alle in West-Australien.
Beyeria Miq., Benth. l. c. p. 63. — 13 Sp., die der Sect. *Eubeyeria* vorherrschend in Ost-, die der Sect. *Beyeriopsis* alle in West-Australien; die Sect. *Oxygene* im tropischen Neuholland.
Ricinocarpus Desf., Benth. l. c. p. 68. — 13 Sp., davon 6 in West-, 5 in Ost- und 2 in Nord-Australien.
Bertya Planch., Benth. l. c. p. 74. — 9 Sp., fast alle in Ost-Australien.
Monotaxis Brongn., Benth. l. c. p. 79. — 7 Sp., davon 5 in West- und 2 in Ost-Australien.
Amperea A. Juss., Benth. l. c. p. 81. — 6 Sp., davon 5 in West- und 1 in Ost-Australien.
Dissiliaria F. Muell., Benth. l. c. p. 91. — 3 Sp., auf das tropische Neuholland beschränkt.
Petalostigma F. Muell., Benth. l. c. p. 92. — Monotype Gattung, im tropischen Australien und in N.-S.-Wales.
Neoroepera Muell., Benth. l. c. p. 116. — 2 Sp., endemisch, auf Queensland beschränkt.
Adriana Gaud., Benth. l. c. VI, p. 133. — 5 Sp., auf verschiedene Theile des Continents vertheilt.

Ord. **Casuarineae.**

Casuarina Linn., Benth. l. c. VI, p. 194. — 19 Sp., mit einer einzigen Ausnahme alle endemisch und auf fast alle Gebiete des Continents vertheilt.

Ord. **Santalaceae.**

Santalum Linn., Benth. l. c. VI, p. 213. — 3 Sp., alle endemisch im tropischen Neuholland und in N.-S.-Wales. Die eugenetische Gattung gehört auch dem Monsungebiete und Oceanien als Bestandtheil des australischen Nebenelements an.
Fusanus Linn., Benth. l. c. p. 215. — 4 Sp., sämmtlich endemisch, von grösserer Verbreitung im aussertropischen Neuholland. Die Gattung ist eugenetisch und Bestandtheil des australischen Nebenelements der neuseeländischen Flora.
Choretrum R. Brown, Benth. l. c. p. 217. — 4 Sp., meist von grösserer Verbreitung im aussertropischen Australien, 1 auch in Queensland.
Leptomeria R. Brown, Benth. l. c. p. 219. — 14 Sp., davon 10 nur in West-Australien.
Omphacomeria A. De Cand., Benth. l. c. p. 225. — 2 Sp., nur in Ost-Australien verbreitet.
Anthobolus R. Brown, Benth. l. c. p. 226. — 4 Sp., davon nur 1 in West-, die übrigen im tropischen Australien.
Exocarpus Labill., Benth. l. c. p. 227. — 9 Sp., mit einer einzigen Ausnahme alle endemisch, auf fast sämmtliche Gebiete des Continents vertheilt.

Subclass. **GYMNOSPERMAE.**
Ord. **Coniferae.**

Frenela Mirb., Benth. l. c. VI, p. 234. — 9 Sp., alle endemisch, auf die meisten Gebiete Australiens vertheilt. Die Gattung gehört dem neuholländischen Nebenelement der oceanischen Flora an.
Actinostrobus Miq., Benth. l. c. p. 239. — 2 Sp., nur in West-Australien einheimisch.
Diselma Hook. f., Benth. l. c. p. 240. — Monotype Gattung, Gebirgspflanze in Tasmanien.
Microstachys Hook. f., Benth. l. c. — Monotyp, Hochgebirgsstrauch in Tasmanien.

Arthrotaxis Don., Benth. l. c. p. 241. — 3 Sp., alle auf Hochgebirgen in Tasmanien. Die Gattung repräsentirt die chinesische *Cunninghamia*.

Pherosphaera Archer. Benth. l. c. p. 245. — Monotyp, Gebirgsstrauch in Tasmanien.

Ord. *Cycaleae.*

Bowenia Hook., Benth. l. c. p. 254. — Monotype Gattung, in Queensland.

Class. MONOCOTYLEDONES.
Ord. *Orchideae.*

Calochilus R. Brown. Benth. l. c. VI. p. 314. — 3 Sp., alle in Ost-Australien.

Thelymitra Forst., Benth. l. c. p. 316. — 16 Sp., mit Ausnahme einer auch in Oceanien und im Monsumgebiet verbreiteten Art endemisch und auf die meisten Theile Australiens vertheilt. Die eugenetische Gattung bildet in den genannten Florengebieten einen Bestandtheil des neuholländischen Florengliedes.

Epiblema R. Brown. Benth. l. c. p. 324. — Monotype Gattung, in West-Australien.

Diuris Sm., Benth. l. c. — 13 Sp., vorherrschend in Ost-Australien endemisch.

Orthoceras R. Brown, Benth. l. c. p. 332. — Monotyp in Ost- und Süd-Australien, kommt auch in Neuseeland vor.

Prasophyllum R. Brown., Benth. l. c. p. 335. — 23 Sp., mit Ausnahme einer auch in Neuseeland verbreiteten Art endemisch und auf die meisten Theile des Continents vertheilt. Die eugenetische Gattung zählt zu den Bestandtheilen des neuholländischen Gliedes der neuseeländischen Flora.

Pterostylis R. Brown, Benth. l. c. p. 352. — 24 Sp., mit Ausnahme einer auch in Neuseeland und einer auch in Neu-Caledonien einheimischen Art alle endemisch; die Mehrzahl in Ost-Australien.

Caleana R. Brown, Benth. l. c. p. 365. — 3 Sp., davon 2 in Ost- und 1 in West-Australien.

Drakaea Lindl., Benth. l. c. p. 367. — 3 Sp., davon 2 in West-Australien und 1 in Queensland.

Acianthus R. Brown, Benth. l. c. p. 369. — 4 Sp., alle endemisch in Ost-Australien. Die Gattung gehört zum neuholländischen Gliede der Flora Neuseelands.

Eriochilus R. Brown. Benth. l. c. p. 371. — 5 Sp., die Mehrzahl in West-Australien.

Lyperanthus R. Brown, Benth. l. c. p. 374. — 2 Sp., beide in Ost-, eine auch in West-Australien.

Burnettia Lindl., Benth. l. c. p. 375. — Monotype Gattung, in Tasmanien.

Caladenia R. Brown, Benth. l. c. p. 376. — 27 Sp., alle endemisch, die Mehrzahl in West-Australien. Die eugenetische Gattung zählt zu dem australischen Gliede der Flora Neuseelands.

Glossodia R. Brown, Benth. l. c. p. 391. — 4 Sp., auf das westliche und östliche, sowie auf das tropische Australien gleich vertheilt.

Ord. *Irideae.*

Diplarrhena Labill., Benth. l. c. p. 399. — 2 Sp., Gebirgspflanzen in Victoria und Tasmanien.

Patersonia R. Brown, Benth. l. c. p. 400. — 19 Sp., im aussertropischen Neuholland, die Mehrzahl in West-Australien, einige auch in Victoria und Tasmanien.

Orthosanthus Sweet., Benth. l. c. p. 410. — 5 Sp., alle in West-, Eine auch in Süd-Australien.

Campynema Labill., Benth. l. c. p. 414. — 2 Sp., Alpenpflanzen in Tasmanien.

Ord. *Amaryllideae.*
Trib. *Haemodoreae.*

Haemodorum Sm., Benth. l. c. p. 418. — 17 Sp., davon 7 auf West-, 5 auf Nord-, 4 auf Ost-Australien beschränkt, 1 kommt in Queensland und Nord-Australien vor.

Phlebocarya R. Brown. Benth. l. c. p. 424. — 3 Sp., alle in West-Australien.

Trib. *Conostyleae.*

Tribonanthes Endl., Benth., l. c. VI, p. 426. — 5 Sp., alle in West-Australien.
Conostylis R. Brown, Benth. l. c. p. 428. — 31 Sp., sämmtlich in West-Australien.
Blancoa Lindl., Benth. l. c. p. 441. — Monotype Gattung, auf West-Australien beschränkt.
Anigozanthos Labill., Benth. l. c. — 8 Sp., in West-Australien.
Macropodia Drumm., Benth. l. c. p. 446. — Monotyp, in West-Australien.

Trib. *Agaveae.*

Doryanthes Corr., Benth. l. c. p. 452. — 2 Sp., in Ost-Australien. Die nächstverwandten Gattungen zählen zum Hauptelement der südafrikanischen Flora und amerikanischer Floren.

Trib. *Euamaryllidae.*

Calostemma R. Brown, Benth. l. c. p. 456. — 3 Sp., auf Süd-, Ost- und Nord-Australien vertheilt.

Ord. *Dioscorideae.*

Petermannia F. Muell., Benth. l. c. p. 462. — Monotype, noch unvollkommen bekannte Gattung in N.-S.-Wales.

Ord. *Asparagineae.*

Eustrephus R. Brown, Kunth l. c. V. p. 110. — 3 Sp., davon 2 im tropischen Australien und 1 in N.-S.-Wales.
Geitonoplesium Cunningh., Kunth. l. c. p. 110. — 2 Sp., eine derselben nur in N.-S.-Wales, die andere ebendort und im tropischen Neuholland, dann auch auf Norfolk.
Cordyline Comm., Kunth l. c. p. 22. — 3 Sp., endemisch in Australien. 1 Sp. auch in Neuseeland und Norfolk.

Ord. *Asphodeleae.*

Xanthorrhoea Smith., Kunth l. c. IV, p. 648. — 7 Sp., meist in N.-S.-Wales; auch im tropischen Australien.
Johnsonia R. Brown, Kunth l. c. p. 647. — 3 Sp., endemisch in Australien.
Borya Labill., Kunth l. c. p. 645. — 4 Sp., in West- und Süd-Australien.
Alania Endl., Kunth l. c. p. 644. — Monotype, endemische Gattung.
Laxmannia R. Brown, Kunth l. c. p. 642. — 7 Sp., die Mehrzahl in West-Australien.
Sowerbaea Sm., Kunth l. c. p. 640. — 2 Sp., in Ost- und West-Australien.
Stypandra R. Brown, Kunth l. c. p. 624. — 8 Sp., in verschiedenen Theilen des Continents endemisch.
Dichopogon Kunth l. c. p. 622. — Die 3 Sp. dieser Gattung in Neuholland.
Arthropodium R. Brown, Kunth l. c. p. 619. — 5 Sp., meist in N.-S. Wales.
Thysanotus R. Brown, Kunth l. c. p. 613. — 27 Sp., meist im tropischen Australien.
Tricoryne R. Brown, Kunth l. c. p. 612. — 5 Sp., theils im tropischen Australien, theils in N.-S.-Wales.
Caesia R. Brown, Kunth l. c. p. 608. — 8 Sp., in N.-S. Wales, West-Australien und im tropischen Neuholland. Die Gattung gehört nur noch dem australischen Gliede der Cap-Flora an.
Blandfordia R. Brown, Kunth l. c. p. 589. — 2 Sp. in Ost-Australien.

Ord. *Uvularieae.*

Drymophila R. Brown, Kunth l. c. IV, p. 211. — Monotype endemische Gattung.
Schelhammera R. Brown, Kunth l. c. p. 210. — 2 Sp., in Ost-Australien.
Kreysigia Reichenb., Kunth l. c. p. 209. — Monotype Gattung, endemisch in N.-S.-Wales.

Ord. Melanthaceae.

Burchardia R. Brown, Kunth l. c. IV, p. 164. — 3 Sp., in West- und Ost-Australien.
Anguillaria R. Brown, Kunth l. c. p. 158. — 3 Sp., im aussertropischen Australien.

Ord. Commelynaceae.

Cartonema R. Brown, Kunth l. c. IV, p. 115. — Monotype endemische Gattung.

Ord. Centrolepideae.

Centrolepis Labill., Kunth l. c. III, p. 488. — 10 Sp., die Gattung endemisch.
Alepyrum R. Brown., Kunth l. c. — 3 Sp., alle endemisch in Australien.
Aphelia R. Brown, Kunth l. c. p. 487. — Monotype endemische Gattung.

Ord. Restiaceae.

Chaetanthus R. Brown, Kunth l. c. III, p. 480. — Monotype Gattung, endemisch in Australien.
Leptocarpus Kunth l. c. — 4 Sp., sämmtlich endemisch in Australien.
Loxocarya R. Brown, Kunth l. c. p. 479. — Monotype Gattung.
Lyginia R. Brown, Kunth l. c. — 2 Sp., in Süd-Australien.
Anarthria R. Brown, Kunth l. c. p. 477. — 5 Sp., sämmtlich in Süd-Australien.
Lepyrodia R. Brown, Kunth l. c. p. 475. — 4 Sp., im aussertropischen Australien.
Hypolaena R. Brown, Kunth l. c. p. 451. — 2 Sp., endemisch in Australien. Die Gattung ist auch in der Cap-Flora repräsentirt.
Schoenodium Labill., Kunth l. c. III, 445. — 3 Sp., davon 2 endemisch, die 3. auch in Neuseeland.
*Restio Kunth l. c. III, p. 382. — 23 Sp. im tropischen und in Ost-Australien. Die Gattung ist dityp, nämlich auch Bestandtheil des Hauptelements der Cap-Flora.

Ord. Phylidreae.

Hetaeria Endl., Kunth l. c. III, p. 380. — Monotyp, endemisch in Süd-Australien.

Ord. Juncaceae.

Calectasia R. Brown, Kunth l. c. p. 377. — Monotyp, endemisch in Süd-Australien.
Dasypogon R. Brown, Kunth l. c. p. 376. — 2 Sp., endemisch in Australien.
Kingia R. Brown, Kunth l. c. p. 375. — Monotyp, endemisch in Süd-Australien.
Xerotes R. Brown, Kunth l. c. p. 371. — 25 Sp., vorzugsweise in N.-S.-Wales, mehrere auch im tropischen Neuholland.

Ord. Palmae.

Livistona R. Brown, Kunth l. c. III, p. 241. — 3 Sp., davon 2 im tropischen Australien und 1 in N.-S.-Wales.

Ord. Alismaceae.

Damasonium Juss., Kunth l. c. III, p. 155. — 1 Sp., in N.-S.-Wales. Die Gattung enthält nur noch 1 Sp., verbreitet im Mediterran- und im Steppen-Gebiet.

Ord. Fluviales.

Cynogeton Endl., Kunth l. c. III, p. 590. — Monotyp, im südwestlichen Australien.

Ord. Aroideae.

Gymnostachis R. Brown, Kunth l. c. III, p. 86. — Monotype Gattung.

Ord. Cyperaceae.

Evandra R. Brown, Kunth l. c. II, p. 376. — 2 Sp., endemisch in Australien.
Chorizandra R. Brown, Kunth l. c. p. 365. — 2 Sp., ebendaselbst.
Schoenus R. Brown, Kunth l. c. p. 334. — 9 Sp., endemisch in Australien.
Gahnia Forst., Kunth l. c. p. 331. — 6 Sp. Die Gattung enthält ausser diesen nur eine einzige in Neuseeland endemische Art.
Chaetospora R. Brown, Kunth l. c. p. 323. — 14 Sp. Diese Gattung zählt auch zum australischen Gliede der Cap-Flora.
Carpha Banks et Sol., Kunth l. c. p. 321. — 5 Sp., endemisch in Australien.
Lepidosperma Labill., Kunth l. c. p. 316. — 20 Sp., sämmtlich endemisch. Nur eine einzige Art dieser Gattung *(L. chinense* Nees*)* kommt ausserhalb Australien vor.
Caustis R. Brown, Kunth l. c. p. 306. — 4 Sp., endemisch in Australien.
Arthrostylis R. Brown, Kunth l. c. p. 283. — 1 Sp. Die zweite Art dieser kleinen Gattung ist auf der Insel St. Mauritius endemisch.
Abildgaardia Vahl, Kunth l. c. p. II, p. 247. — 2 Sp., endemisch in Australien.
Fimbristylis Vahl, Kunth l. c. p. 220. — 20 Sp., sämmtlich im tropischen Neuholland.

Ord. Gramineae.

Xerochloa R. Brown, Kunth l. c. I. p. 518. — 2 Sp., endemisch in Australien.
Dimeria R. Brown, Kunth l. c. p. 471. — Monotype Gattung.
Perotis Ait., Kunth l. c. p. 470. — 1 Sp., endemisch in Australien. Die Gattung enthält nur noch 1 Sp. am Cap.
Ectrosia R. Brown, Kunth l. c. p. 390. — 2 Sp., endemisch in Australien.
Coelachne R. Brown, Kunth l. c. p. 370. — Monotype endemische Gattung.
Triodia R. Brown, Kunth l. c. p. 319. — 6 Sp., endemisch in Australien.
Danthonia De Caud., Kunth l. c. p. 311. — 9 Sp., endemisch in Australien. Die Gattung ist zugleich Bestandtheil des australischen Gliedes der Cap-Flora.
Eriachne R. Brown, Kunth l. c. p. 309. — 10 Sp., endemisch. Die Gattung enthält nur noch Eine Art, einheimisch auf der Insel Bourbon.
Anisopogon R. Brown, Kunth l. c. p. 308. — Monotype endemische Gattung.
Chloris Swartz, Kunth l. c. p. 265. — 2 Sp., endemisch; die dritte Art dieser Gattung gehört dem Monsungebiete an.
Triraphis R. Brown, Kunth l. c. p. 253. — 2 Sp. in Australien; eine dritte Art in Mittelafrika.
Diplopogon R. Brown, Kunth l. c. p. 253. — Monotype endemische Gattung.
Amphipogon R. Brown, Kunth l. c. p. 252. — 5 Sp., in Australien.
Pentapogon R. Brown, Kunth l. c. p. 239. — Monotype endemische Gattung.
Streptachne R. Brown, Kunth l. c. p. 186. — Monotyp. endemisch in Australien.
Neurachne R. Brown, Kunth l. c. p. 175. — Monotyp. endemisch in Australien.
Spinifex Linn., Kunth l. c. p. 174. — 4 Sp. in Australien. Ausser diesen enthält die Gattung nur eine ostindische Art.
Chamaeraphis R. Brown, Kunth l. c. p. 148. — 2 Sp., in Australien.
Leptaspis R. Brown, Kunth l. c. p. 17. — Monotype endemische Gattung.
Microlaena R. Brown, Kunth l. c. p. 16. — Monotype endemische Gattung.
Tetrarrhena R. Brown, Kunth l. c. p. 15. — 4 Sp., endemisch in Australien.
Potamophila R. Brown, Kunth l. c. p. 8. — Monotype endemische Gattung.

II. Aus der Differenzirung der Nebenelemente der Flora Australiens hervorgegangene Formen, oder die Neben-Florenglieder.

1. Aus dem ostindischen Nebenelemente entwickelte Formen, oder das ostindische Florenglied.

Class. **DICOTYLEDONES.**
Subclass. **POLYPETALAE.**
Series THALAMIFLORAE.

Ord. *Dilleniaceae.*

Wormia Rottb., Benth. l. c. I, p. 16. — 1 Sp., endemisch in Queensland.

Ord. *Anonaceae.*

Uvaria Linn., Benth. l. c. I, p. 50. — 2 Sp., endemisch im tropischen Australien.
Melodorum Dun., Benth. l. c. p. 52. — 1 Sp. endemisch; in Queensland und N.-S.-Wales.
Saccopetalum Benth. l. c. I, p. 53. — 1 Sp., endemisch in Queensland.

Ord. *Menispermaceae.*

Tinospora Miers., Benth. l. c. I. p. 55. — 2 Sp., endemisch in Nord-Australien. Diese engenetische Gattung bildet einen Bestandtheil des ostindischen Neben-Elements in der Flora des tropischen Afrika.
Sarcopetalum F. Muell., Benth. l. c. — Monotype Gattung, endemisch in Ost-Australien.
Pachygone Miers., Benth. l. c. p. 58. — 1 Sp., endemisch in Queensland.
Pleogyne Miers., Benth. l. c. — Monotype Gattung, endemisch in Queensland.
Adeliopsis Benth. l. c. p. 59. — Monotyp, endemisch in Queensland.

Ord. *Bixineae.*

Cochlospermum Kunth, Benth. l. c. p. 105. — 4 Sp., alle endemisch im tropischen Australien; eine derselben entspricht einer Art des Monsumgebietes.
Scolopia Schreb., Benth. l. c. p. 107. — 1 Sp., endemisch in Queensland und N.-S.-Wales; entspricht einer ostindischen Art.

Ord. *Polygaleae.*

Polygala Linn., Benth. l. c. p. 138. — 7 Sp., davon 3 auch im Monsumgebiet, die übrigen endemisch im tropischen Australien und meist ostindischen Arten nächstverwandt.

Ord. *Malvaceae.*

Hibiscus Linn., Benth. l. c. p. 207. — 26 Sp., davon 18 endemisch, vorherrschend im tropischen Neuholland, die übrigen auch im Monsumgebiet verbreitet. Von den endemischen entsprechen einige ostindischen Arten.
Gossypium Linn., Benth. l. c. p. 222. — 1 Sp., endemisch in Süd-Australien.

Ord. *Sterculiaceae.*

Helicteres Linn., Benth. l. c. — 3 Sp., davon 3 endemisch in Nord-Australien, 1 auch im Monsumgebiete. Die Gattung bildet einen Bestandtheil des Hauptelements sowohl der Flora des genannten Gebietes, als auch der des tropischen Amerika.

Ord. **Tiliaceae.**

*Grewia Linn., Benth. l. c. p. 269. — 8 Sp., davon 5 endemisch im tropischen Australien, 3 auch im Monsungebiet.

Triumfetta Linn., Benth. l. c. p. 272. — 7 Sp., davon 6 endemisch im tropischen Australien.

Corchorus Linn., Benth. l. c. p. 275. — 13 Sp., davon 9 endemisch im tropischen Australien.

Echinocarpus Blume, Benth. l. c. p. 279. — 1 Sp., endemisch in Australien (Queensland und N.-S.-Wales).

*Elaeocarpus Linn., Benth. l. c. p. 280. — 4 Sp., alle endemisch, 2 im tropischen und aussertropischen Australien verbreitet, 1 in Victoria und 1 in Queensland. Die Gattung ist im Monsungebiet sehr entwickelt, und erstreckt sich auch auf Oceanien. Die australischen Arten schliessen sich mehr an die des ersteren Gebietes an.

Series DISCIFLORAE.

Ord. **Lineae.**

Erythroxylon Linn., Benth. l. c. p. 283. — 2 Sp., im tropischen Neuholland, wahrscheinlich endemisch und den ostindischen Arten dieser vorzugsweise südamerikanischen Gattung am nächsten stehend.

Ord. **Rutaceae.**

Evodia Forst., Benth. l. c. p. 361. — 1 Sp., endemisch in Neuseeland und N.-S.-Wales.

Murraya Linn., Benth. l. c. p. 368. — 2 Sp., endemisch im tropischen Australien.

Clausena Burm., Benth. l. c. p. 369. — 1 Sp. endemisch in Queensland, einer ostindischen Art nahe verwandt.

Atalantia Corr., Benth l. c. p. 370. — 2 Sp., endemisch im tropischen Australien, davon 1 einer Art dieser im Monsungebiete verbreiteten Gattung entsprechend.

Citrus Linn., Benth. l. c. p. 371. — 2 Sp., endemisch, beide in Queensland, 1 auch in N.-S.-Wales.

Ord. **Simarubaceae.**

*Ailanthus Desf., Benth. l. c. p. 373. — 1 Sp., endemisch in Queensland; sehr nahe verwandt einer ostindischen Art.

Heptiandra Hook. f., Benth. l. c. p. 374. — Monotype Gattung, endemisch in Queensland; ostindischen Gattungen am nächsten stehend.

Cadellia F. Muell., Benth. l. c. p. 374. — 2 Sp., endemisch in Ost-Australien. Diese australische Gattung passt ihrer Verwandtschaft nach am besten zum ostindischen Florengliede.

Ord. **Burseraceae.**

Canarium Linn., Benth. l. c. p. 377. — 1 Sp., endemisch im tropischen Neuholland.

Ord. **Meliaceae.**

Disoxylon Blume, Benth. l. c. p. 380. — 5 Sp., alle endemisch in Queensland oder in N.-S.-Wales

Amoora Roxb., Benth. l. c. p. 383. — 1 Sp., endemisch in Australien (Queensland und N.-S.-Wales).

Synoum A. Juss., Benth. l. c. p. 384. — Monotype Gattung, nur auf Queensland und N.-S.-Wales beschränkt. Passt der Verwandtschaft nach nur zu den ostindischen Bestandtheilen der australischen Flora.

Owenia F. Muell., Benth. l. c. p. 384. — 5 Sp., endemisch, im tropischen Neuholland, 1 auch in N.-S.-Wales. Bezüglich der systematischen Verwandtschaft gilt dasselbe wie von der vorhergehenden auch von dieser und der nachfolgenden Gattung.

Flindersia R. Brown. Benth. l. c. p. 388. — 5 Sp., alle endemisch in Queensland oder in N.-S.-Wales.

[149] *Die genetische Gliederung der Flora Australiens. — Die Neben-Florenglieder.* 37

Ord. Olacineae.

Olax Linn., Benth. l. c. p. 391. — 4 Sp., alle endemisch, meist im tropischen Australien.

Ord. Celastrineae.

*Celastrus Linn., Benth. l. c. p. 398. - 5 Sp., sämmtlich endemisch in Australien (im tropischen, 2 auch im aussertropischen östlichen); eine derselben nahe verwandt einer ostindischen Art.

Denhamia Meisn., Benth. l. c. p. 401. — 3 Sp., endemisch, im tropischen Neuholland.

*Elaeodendron Jacq. f., Benth. l. c. p. 402. — 2 Sp., endemisch, beide im tropischen Neuholland, 1 auch in N.-S.-Wales.

Siphonodon Griff., Benth. l. c. p. 403. — 1. Sp., endemisch in Australien (Queensland und N.-S.-Wales. Die Gattung enthält nur noch eine im Monsumgebiete einheimische Art.

Ord. Rhamneae.

*Zizyphus Juss., Benth. l. c. p. 411. — 3 Sp., von diesen nur 1 endemisch in Nord-Australien; die übrigen ebenfalls im tropischen Australien verbreiteten gehören der ostindischen Flora an.

Ord. Ampelideae.

*Vitis Linn., Benth. l. c. p. 446. — 14 Sp., davon 10 endemisch, hauptsächlich im tropischen Australien, die übrigen im Monsumgebiete einheimisch.

Ord. Sapindaceae.

*Nephelium Linn., Benth. l. c. p. 464. — 9 Sp., alle endemisch, meist in Queensland; nur 2 in N.-S.-Wales.

Euphoria Juss., Benth. l. c. p. 468. — 1 Sp., endemisch im tropischen Australien.

Harpullia Roxb., Benth. l. c. p. 470. — 4 Sp., alle endemisch, meist im tropischen Australien.

Ord. Anacardiaceae.

Spondias Linn., Benth. l. c. p. 491. — 1 Sp., endemisch in Queensland. Diese Art fällt der vorzugsweise im tropischen Asien verbreiteten Section *Evia* zu.

Ser. CALYCIFLORAE.

Ord. Leguminosae.

Crotalaria Linn., Benth. l. c. II, p. 178. — 15 Sp., davon 6 endemisch in Australien, die übrigen meist in Ostindien verbreitet.

Milletia W. et Arn., Benth. l. c. II, p. 211. — 1 Sp., endemisch in Queensland und N.-S.-Wales.

Sesbania Pers., Benth. l. c. p. 212. — 4 Sp., davon 1 endemisch in Nord-Australien; die übrigen haben eine grosse Verbreitung im tropischen Asien.

*Desmodium Desv., Benth. l. c. p. 229. — 17. Sp., davon 9 endemisch meist im tropischen Neuholland; die übrigen haben eine grosse Verbreitung im Monsumgebiete.

Uraria Desv., Benth. l. c. p. 236. — 3 Sp., davon 1 endemisch im tropischen Neuholland, die übrigen im Monsumgebiet weit verbreitet.

*Glycine Linn., Benth. l. c. p. 242. — 6 Sp., davon 4 endemisch in Australien, die übrigen auch im Monsumgebiet verbreitet.

*Erythrina Linn., Benth. l. c. p. 252. — 2 Sp., eine davon endemisch im tropischen Neuholland, die andere im Monsumgebiete einheimisch.

Atylosia W. et Arn., Benth. l. c. p. 262. — 6 Sp., davon nur 1 verbreitet im ganzen Monsumgebiet; die übrigen endemisch im tropischen Neuholland. Eine der letzteren analog einer ostindischen Art.

Flemingia Roxb., Benth. l. c. p. 268. — 4 Sp., davon 2 auch im Monsumgebiet, die übrigen endemisch im tropischen Australien, eine der letzteren zunächst verwandt einer ostindischen Art.

Dalbergia Linn., Benth. l. c. p. 270. — 1 Sp., in Queensland, auch in Neu-Guinea. Diese Art ist einer ostindischen nahe verwandt, aus deren Umbildung sie hervorgegangen sein mag.

Castanospermum A. Cunn., Benth. l. c. p. 275. — Monotype Gattung, in Queensland und N.-S.-Wales.

Barklya F. Muell., Benth. l. c. p. 275. — Monotyp, in Queensland.

Mezoneurum Desf., Benth. l. c. p. 278. — 1 Sp., endemisch in Queensland und N.-S.-Wales.

Pterolobium R. Brown, Benth. l. c. p. 278. — 1 Sp., endemisch, in Queensland.

Cassia Linn., Benth. l. c. p. 279. — 27 Sp., davon 5 auch im tropischen Asien und Afrika, 1 in Amerika verbreitet, die übrigen endemisch. Leztere könnten auch als ein Bestandtheil des neuholländischen Elements aufgefasst werden, doch kommen einige derselben ostindischen, andere afrikanischen Arten so nahe, dass es mehr Berechtigung zu haben scheint, die Cassien Neuhollands als theils dem ostindischen, theils dem afrikanischen Element entsprungen zu betrachten. Auch fällt die Mehrzahl der endemischen Arten auf das tropische Australien.

Bauhinia Linn., Benth. l. c. p. 294. — 3 Sp., vorherrschend im tropischen Neuholland endemisch, aber mehr oder weniger nahe verwandt ostindischen Arten.

Dichrostachys W. et Arn., Benth. l. c. p. 299. — 2 Sp. Eine endemisch in Nord-Australien, die anderen ebendaselbst und im ganzen Monsumgebiet verbreitet.

Albizzia Durazz., Benth. l. c. p. 421. — 5 Sp., davon 1 auch in Ostindien, die übrigen endemisch, theils in Queensland, theils in West-Australien.

Pithecolobium Mart., Benth. l. c. p. 423. — 3 Sp., davon 1 auch im Monsumgebiet, die übrigen endemisch im tropischen Australien und in N.-S.-Wales.

Ord. **Rosaceae.**

Parinarium Juss., Benth. l. c. p. 426. — 2 Sp. Eine derselben im Monsumgebiet weit verbreitet, die andere im tropischen Australien endemisch, aber einer Art des genannten Gebietes am nächsten verwandt.

Ord. **Saxifrageae.**

Polyosma Blume, Benth. l. c. p. 438. — 1 Sp., endemisch in N.-S.-Wales. Die Gattung enthält ausser dieser nur im Monsumgebiet verbreitete Formen.

Ord. **Combretaceae.**

Macropteranthes F. Muell., Benth. l. c. p. 504. — 3 Sp., endemisch im tropischen Neuholland. Diese Gattung ist zwar ausschliesslich neuholländisch, aber der ostindischen Gattung *Lumnitzera* zunächst verwandt, aus deren Umwandlung sie hervorgegangen sein dürfte.

Ord. **Myrtaceae.**

Metrosideros Banks., Benth. l. c. III, p. 266. — 2 Sp., endemisch in Nord-Australien, entsprechend einer Art des Monsumgebiets.

Xanthostemon F. Muell., Benth. l. c. III. p. 268. — 2 Sp., endemisch im tropischen Australien. Der vorigen Gattung nahe verwandt, welche sie hauptsächlich in Oceanien repräsentirt.

Rhodamnia Jack., Benth. l. c. III, p. 277. — 3 Sp., davon wenigstens 1 endemisch, in Queensland und N.-S.-Wales; die übrigen sehr nahe verwandt oder vielleicht identisch mit ostindischen Arten.

Ord. **Lythrarieae.**

Ammannia Linn., Benth. l. c. III, p. 295. — 8 Sp., meist tropisch, von diesen nur 2 endemisch in Australien, die übrigen im tropischen Asien weit verbreitet.

Ord. **Samydeae.**

Homalium Jacq., Benth. l. c. p. 309. — 2 Sp., in Queensland, eine endemisch, die andere auch in Oceanien verbreitet. Die Mehrzahl der Arten dieser Gattung bewohnt das tropische Asien und Afrika.

Ord. **Cucurbitaceae**.

Trichosantes Linn., Benth. l. c. III, p. 314. — 4 Sp., meist im tropischen Australien, davon 2 endemisch und 2 gemein in Ostindien..

Subclass. **MONOPETALAE**.

Ord. **Rubiaceae**.

Hedyotis Linn., Benth. l. c. p. 403. — 9 Sp., im tropischen Australien, davon 1—2 Arten auch im Monsumgebiet verbreitet, die übrigen endemisch.

*Gardenia Linn., Benth. l. c. p. 407. — 10 Sp., alle endemisch im tropischen Australien. Die Mehrzahl der Arten dieses Geschlechts kommt im tropischen und subtropischen Asien und Afrika vor, an welche sich einige der australischen Arten anschliessen.

Randia Linn., Benth. l. c. p. 411. — 3 Sp., meist im tropischen Australien, davon 2 endemisch, aber nahe verwandt mit ostindischen Arten und 1 auch im Monsumgebiet verbreitet.

Webera Schreb., Benth. l. c. p. 412. — 1 Sp., endemisch in Queensland, jedoch einer im Monsumgebiet und Oceanien verbreiteten Art sehr nahe verwandt.

Diplospora De Cand., Benth. l. c. p. 413. — 1 Sp., endemisch in Queensland und verwandt einer tropisch-asiatischen Art.

*Ixora Linn., Benth. l. c. p. 413. — 7 Sp., mit Ausnahme einer in N.-S.-Wales vorkommenden, alle im tropischen Neuholland; davon 3 endemisch, die übrigen vorzugsweise im Monsumgebiet verbreitet.

Quettardella Champ., Benth. l. c. p. 418. — 1 Sp., in Queensland endemisch. Die Gattung enthält nur noch zwei Arten, beide in Asien, eine derselben im Monsumgebiet vorkommend.

Hodgkinsonia F. Muell., Benth. l. c. p. 420. — Monotype Gattung, entsprechend der vorigen, daher zum Monsumgebiet zählend. Queensland und N.-S.-Wales.

Canthium Lam., Benth. l. c. p. 420. — 7 Sp., meist im tropischen Australien und in N.-S.-Wales; davon nur 1 auch in Oceanien verbreitet, die übrigen endemisch; von diesen einige oceanischen und ostindischen Arten entsprechend.

*Morinda Linn., Benth. l. c. p. 423. — 4 Sp., alle im tropischen Australien; von diesen 2 im Monsumgebiet verbreitet, und 2 endemisch und Arten des genannten Gebietes mehr oder weniger analog.

Coelospermum Blume, Benth. l. c. p. 424. — 2 Sp., endemisch, meist im tropischen Australien. Das Geschlecht ist vorzugsweise im Monsumgebiet verbreitet.

Spermacoce Linn., Benth. l. c. p. 438. — 14 Sp., sämmtlich im tropischen Australien endemisch; einige derselben verwandt mit ostindischen oder überhaupt tropisch-asiatischen Arten.

Ord. **Compositae**.

Blumea De Cand., Benth. l. c. p. 524. — 7 Sp., alle im tropischen Australien, davon 3 sehr verbreitet im Monsumgebiet, die übrigen endemisch.

Pluchea Less., Benth. l. c. p. 527. — 6 Sp., mit Ausnahme einer nur in West-Australien vorkommenden im tropischen Neuholland; nur 1 Sp. hat eine grosse Verbreitung im Monsumgebiet, die übrigen sind endemisch. Die Gattung dürfte vielleicht theilweise auch dem amerikanischen Element beizuzählen sein, da einige der letzteren Arten mit südamerikanischen nächstverwandt erscheinen.

Epaltes Less., Benth. l. c. p. 529. — 2 Sp., im tropischen und aussertropischen Australien; eine endemisch, die andere auch im tropischen Asien.

Moonia Arn., Benth. l. c. p. 539. — 3 Sp., endemisch im tropischen Australien. Die Gattung enthält nur noch sehr wenige in Ceylon und im indischen Archipel einheimische Arten.

Glossogyne Cass. Benth. l. c. p. 543. — 3 Sp., vorzugsweise im tropischen Neuholland, davon eine einer ostindischen Art sehr nahe stehend, eine andere auch im Monsumgebiet und in Oceanien verbreitet, die übrigen endemisch.

Myriogyne Less., Benth. l. c. p. 552. — 2 Sp. Eine im tropischen und aussertropischen Australien und in Ostindien gemein, die andere in Australien endemisch.

Ord. *Myrsineae*.

*Maesa Forsk., Benth. l. c. IV, p. 272. — 2 Sp., endemisch in Queensland; im Allgemeinen analog asiatischen Arten, jedoch in mancher Hinsicht sehr eigenthümlich.

Samara Linn., Benth. l. c. p. 273. — 1 Sp., endemisch in N.-S.-Wales. Die Gattung zählt ausser dieser nur wenige im tropischen Asien und Afrika verbreitete Arten.

*Myrsine Linn., Benth. l. c. p. 274. — 4 Sp., alle endemisch in Queensland, davon 2 verwandt mit einer südasiatischen Art.

*Ardisia Linn., Benth. l. c. p. 276. — 2 Sp., endemisch meist im tropischen Australien.

Ord. *Sapotaceae*.

Hormogyne A. De Cand., Benth. l. c. IV, p. 283. — Monotype Gattung, endemisch in Australien. Fällt der systematischen Verwandtschaft nach am besten dem ostindischen Florengliede zu.

*Mimusops Linn., Benth. l. c. p. 285. — 2 Sp., im tropischen Australien; von diesen kommt eine auch im indischen Archipel vor, die andere ist endemisch, jedoch nahe verwandt einer in Ostindien häufigen Art.

Ord. *Ebenaceae*.

*Diospyros Linn., Benth. l. c. IV, p. 286. — 2 Sp., im tropischen Australien, davon 1 auch in Timor und Ostindien, die zweite endemisch und einer tropisch-asiatischen Art verwandt.

Maba Forst., Benth. l. c. p. 288. — 9 Sp., sämmtlich endemisch im tropischen Australien; einige derselben verwandt mit tropisch-asiatischen und oceanischen Arten.

Ord. *Styraceae*.

*Symplocos Linn., Benth. l. c. p. 292. — 2 Sp., in Queensland und N.-S.-Wales, davon eine endemisch, aber nahe verwandt einer ostindischen Art; die andere auch in Oceanien verbreitet.

Ord. *Jasmineae*.

*Jasminum Linn., Benth. l. c. p. 294. — 7 Sp., fast alle im tropischen Australien, einige auch in N.-S.-Wales oder in West-Australien. 2 Sp. sind auch in Oceanien verbreitet, die übrigen endemisch; von den letzteren kommen einige ostindischen Arten mehr oder weniger nahe.

*Ligustrum Linn., Benth. l. c. p. 298. — 1 Sp. endemisch in Queensland, nahe verwandt einer ostasiatischen Art.

Chionanthus Linn., Benth. l. c. p. 301. — 3 Sp. in Queensland, davon 1 übereinstimmend mit einer im indischen Archipel verbreiteten Art; die übrigen endemisch.

Ord. *Apocyneae*.

Chilocarpus Blume, Benth. l. c. p. 303. — 1 Sp., endemisch in Australien (Queensland und N.-S.-Wales).

Melodinus Forst., Benth. l. c. p. 304. — 2 Sp., endemisch in Queensland; entsprechen im Monsumgebiet vorkommenden Arten.

*Carissa Linn., Benth. l. c. p. 304. — 4 Sp., im tropischen Australien endemisch, eine derselben verwandt einer Art des Monsungebietes.

*Alyxia R. Brown, Benth. l. c. p. 307. — 6 Sp., alle endemisch und mit Ausnahme einer im aussertropischen Australien verbreiteten Art hauptsächlich in Queensland. Die wenigen übrigen Arten dieses Geschlechts bewohnen das Monsungebiet und Oceanien.

Tabernaemontana Linn., Benth. l. c. p. 310. — 2 Sp., im tropischen Australien. Davon 1 auch im Monsumgebiet und Oceanien, die zweite endemisch.

Alstonia R. Brown, Benth. l. c. p. 312. — 7 Sp., im tropischen Australien, davon 2 auch im Monsumgebiet verbreitet, die übrigen endemisch.

Wrightia R. Brown, Benth. l. c. p. 315. — 3 Sp., meist im tropischen Australien, davon 1 auch im indischen Archipel und zugleich nahe verwandt einer ostindischen Art, die übrigen endemisch.

Parsonsia R. Brown, Benth. l. c. p. 317. — 4 Sp., vorherrschend im tropischen Australien, Arten des Monsumgebietes und Oceaniens entsprechend.

Ord. *Asclepiadeae.*

Sarcostemma R. Brown, Benth. l. c. p. 328. — 1 Sp., endemisch in Australien.

Pentatropis R. Brown, Benth. l. c. p. 328. — 3 Sp., endemisch in Australien.

Tylophora R. Brown, Benth. l. c. p. 333. — 9 Sp., sämmtlich theils im tropischen Australien, theils in N.-S.-Wales.

Gymnema R. Brown, Benth. l. c. p. 342. — 6 Sp., alle im tropischen Australien, davon 1 gemein in Ostindien, 1 auf den Inseln des stillen Meeres, die übrigen endemisch.

Hoya R. Brown, Benth. l. c. p. 346. — 3 Sp., im tropischen Australien, davon 1 auch im indischen Archipel und bis nach Süd-China, und 1 in Oceanien verbreitet; 1 endemisch, aber verwandt einer Art der Inseln des stillen Meeres.

Ord. *Loganiaceae.*

Fagraea Thunb., Benth. l. c. p. 367. — 2 Sp., im tropischen Australien; davon 1 auch im Monsumgebiet, 1 endemisch.

Strychnos Linn., Benth. l. c. p. 368. — 2 Sp., endemisch im tropischen Australien, eine derselben aber vielleicht eine Varietät von einer im Monsumgebiet verbreiteten Art.

Ord. *Boragineae.*

Ehretia Linn., Benth. l. c. p. 387. — 5 Sp., im tropischen Australien, davon 1—2 auch im Monsumgebiet, die übrigen endemisch.

Tournefortia Linn., Benth. l. c. p. 389. — 3 Sp., im tropischen Australien, von diesen nur 1 endemisch, die übrigen auch im Monsumgebiet verbreitet.

Ord. *Convolvulaceae.*

Porana Linn., Benth. l. c. p. 434. — 1 Sp., endemisch in West-Australien, zwar näher einer asiatischen Art verwandt, aber sehr eigenthümlich.

Breweria R. Brown, Benth. l. c. p. 435. — 5 Sp., vorzugsweise tropisch; nur 1 endemisch, die übrigen auch im tropischen Asien und Afrika verbreitet.

Ord. *Scrophularineae.*

Adenosma R. Brown, Benth. l. c. p. 484. — 2 Sp., im tropischen Australien; eine derselben im Monsumgebiet weit verbreitet, die andere endemisch.

Artanema Don, Benth. l. c. p. 495. — 1 Sp., endemisch in Australien (Queensland und N.-S.-Wales). Die Gattung enthält nur noch zwei mit der australischen nahe verwandte tropisch-asiatische Arten.

Bonnaya Link et Otto, Benth. l. c. p. 498. — 2 Sp., im tropischen Australien, eine derselben gemein im tropischen Asien, die andere endemisch.

Peplidium Delile, Benth. l. c. p. 499. — 2 Sp., im tropischen Australien, davon eine von grosser Verbreitung im tropischen und subtropischen Asien und Afrika, die andere endemisch.

Buchnera Linn., Benth. l. c. p. 514. — 6 Sp., wahrscheinlich sämmtlich endemisch in Australien, einige aber sehr nahe verwandt ostindischen Arten.

Striga Lour., Benth. l. c. p. 516. — 4 Sp., im tropischen Australien, davon 1 auch im Monsumgebiet verbreitet, die übrigen endemisch, aber tropisch-asiatischen Arten mehr oder weniger verwandt.

Ord. *Gesneriaceae.*

Boea Commers., Benth. l. c. p. 535. — 1 Sp., endemisch in Queensland. Die Gattung enthält nebst dieser nur wenige asiatische Arten.

Ord. *Acanthaceae.*

Ruellia Linn., Benth. l. c. p. 545. — 6 Sp., endemisch im tropischen Australien, davon 1 sehr nahe verwandt einer ostindischen Art.

Justicia Linn., Benth. l. c. p. 549. — 5 Sp., vorherrschend im tropischen Australien; davon 2 im Monsumgebiet verbreitet, die übrigen endemisch und von diesen eine nahe verwandt mit einer asiatischen Art.

Eranthemum Linn., Benth. l. c. p. 554. — 2 Sp., endemisch im tropischen Australien, eine derselben einer ostindischen Art auffallend nahestehend.

Ord. *Pedalineae.*

Josephinia Vent., Benth. l. c. p. 556. — 3 Sp., im tropischen Australien, davon 1 im Monsumgebiet verbreitet, die übrigen endemisch.

Ord. *Verbenaceae.*

Callicarpa Linn., Benth. l. c. V. p. 56. — 3 Sp., im tropischen Australien, davon 2 auch im Monsumgebiet, 1 endemisch und nächst verwandt mit einer tropisch-asiatischen Art.

Premna Linn., Benth. l. c. p. 58. — 5 Sp., endemisch im tropischen Australien, davon 1—2 nächstverwandt oder vielleicht identisch mit asiatischen Arten.

Clerodendron Linn., Benth. l. c. p. 60. — 8 Sp., sämmtlich im tropischen Australien, einige auch in N.-S.-Wales; zum grösseren Theil endemisch, zum kleineren nächstverwandt oder übereinstimmend mit asiatischen Arten.

Gmelina Linn., Benth. l. c. p. 64. — 3 Sp., im tropischen Australien, davon 2 endemisch, 1 übereinstimmend mit einer tropisch-asiatischen Art.

Vitex Linn., Benth. l. c. p. 66. — 4 Sp., im tropischen Australien, davon 1 weit verbreitet im tropischen Asien, die übrigen endemisch.

Ord. *Labiatae.*

Moschosma Reichb., Benth. l. c. p. 75. — 2 Sp., im tropischen Australien, davon 1 asiatisch, die andere endemisch.

Plectranthus L'Her., Benth. l. c. p. 77. — 3 Sp., vorzugsweise im tropischen Australien, davon 1 auch in Oceanien verbreitet, die übrigen endemisch und theils ostindischen theils afrikanischen Arten nahe stehend.

Anisomeles R. Brown, Benth. l. c. p. 88. — 1 Sp., endemisch im tropischen Australien; sehr nahe verwandt einer ostindischen Art.

Leucas R. Brown, Benth. l. c. p. 90. — 1 Sp., in Queensland nächstverwandt oder vielleicht übereinstimmend mit einer tropisch-asiatischen Art.

Subclass. **MONOCHLAMYDEAE.**

Ord. *Amarantaceae.*

Deeringia R. Brown, Benth. l. c. V, p. 209. — 2 Sp., in Queensland und N.-S.-Wales, davon 1 im Monsumgebiet weit verbreitet, die andere endemisch.

Ord. **Myristiceae**.

Myristica Linn., Benth. l. c. V, p. 281. — 1 Sp., endemisch im tropischen Australien, aber zunächst verwandt einer ostindischen Art.

Ord. **Laurineae**.

Cryptocarya R. Brown, Benth. l. c. V, p. 295. — 9 Sp., alle endemisch in Australien (meist Queensland und N.-S.-Wales), einige an tropisch-asiatische Arten sich anschliessend.

Nesodaphne Hook. f., Benth. l. c. p. 299. — 1 Sp., endemisch; die Gattung ist der ostindischen *Beilschmiedia* nächstverwandt.

Endiandra R. Brown, Benth. l. c. p. 300. — 7 Sp., alle endemisch, theils in Queensland, theils in N.-S.-Wales. Die Gattung gehört vorzugsweise dem Monsumgebiet an.

*Tetranthera Jacq., Benth. l. c. p. 304. — 4 Sp. im tropischen Australien, davon 1 im Monsumgebiet sehr verbreitet, die übrigen endemisch, von letzteren eine einer ostindischen Art nahe verwandt.

*Litsaea Juss., Benth. l. c. p. 306. — 2 Sp., vorzugsweise in Queensland, davon 1 gemein in Ostindien und 1 endemisch.

Ord. **Thymeleae**.

Phaleria Jack., Benth. l. c. VI, p. 37. — 3 Sp. in Queensland; sehr nahe verwandt, vielleicht übereinstimmend mit Arten des Monsumgebiets.

Ord. **Nepenthaceae**.

Nepenthes Linn., Benth. l. c. VI, p. 40. — 1 Sp., endemisch in Queensland, nächstverwandt der *N. phyllamphora* Willd.

Ord. **Euphorbiaceae**.

Antidesma Linn., Benth. l. c. VI, p. 84. — 7 Sp., alle im tropischen Australien, davon 2 auch im Monsumgebiet, die übrigen endemisch.

Actephila Blume, Benth. l. c. p. 88. — 5 Sp., endemisch in Ost-Australien, einige schliessen sich tropisch-asiatischen an.

Breynia Forst., Benth. l. c. p. 113. — 4 Sp., im tropischen Australien, davon 1—2 auch im indischen Archipel, die übrigen endemisch.

Hemicyclia Wight et Arn., Benth. l. c. p. 117. — 3 Sp. im tropischen Australien, davon 1 in Ostindien sehr gemein, die übrigen endemisch.

Bridelia Willd., Benth. l. c. p. 119. — 4 Sp., vorherrschend im tropischen Australien, davon 2 auch im Monsumgebiet verbreitet, 2 endemisch.

Cleistanthus Hook. f., Benth. l. c. p. 121. — 4 Sp., alle endemisch im tropischen Australien.

Claoxylon A. Juss., Benth. l. c. p. 129. — 4 Sp., endemisch im tropischen Australien.

Mallotus Lour., Benth. l. c. p. 138. — 9 Sp., alle im tropischen Australien, einige auch in N.-S.-Wales; 4 haben eine grössere Verbreitung im tropischen Asien, 5 sind endemisch.

Macaranga Thou., Benth. l. c. p. 144. — 5 Sp., im tropischen Australien, davon 2 auch im Monsumgebiet, die übrigen endemisch.

Carumbium Reinw., Benth. l. c. p. 149. — 2 Sp., im tropischen und aussertropischen Australien, davon 1 auch im Monsumgebiet und Oceanien, 1 endemisch.

Subclass. **GYMNOSPERMAE**.

Ord. **Cycadeae**.

*Cycas Linn., Benth. l. c. p. 249. — 1 Sp., endemisch im tropischen Australien, aber sehr nahe verwandt einer tropisch-asiatischen Art.

Class. MONOCOTYLEDONES.

Ord. *Hydrocharideae.*

Ottelia Pers., Benth. l. c. p. 256. — 3 Sp., im tropischen und aussertropischen Australien, davon 1 gemein in Ostindien, 2 endemisch.

Ord. *Scitamineae.*

*Musa Linn., Benth. l. c. p. 261. — 1 Sp., endemisch in Queensland, analog der *M. paradisiaca*.
Curcuma Linn., Benth. l. c. p. 262. — 1 Sp., endemisch in Queensland.
Elettaria White, Benth. l. c. p. 264. — 1 Sp, endemisch in Queensland.
Alpinia Linn., Benth. l. c. p. 264. — 3 Sp., endemisch in Queensland.

Ord. *Orchideae.*

Liparis Rich., Benth. l. c. p. 272. — 4 Sp., endemisch theils in Queensland, theils in N.-S.-Wales; davon 1 einer im Monsumgebiet einheimischen Art nahe verwandt.
Oberonia Lindl., Benth. l. c. p. 274. — 2 Sp., in Queensland, davon 1 im Monsumgebiet weit verbreitet, 1 endemisch.
Taeniophyllum Blume. Benth. l. c. p. 291. — 1 Sp., endemisch in Queensland.
Sarcochilus R. Brown, Benth. l. c. p. 291. — 8 Sp., endemisch in Ost-Australien.
Cleisostoma Blume, Benth. l. c. p. 295. — 3 Sp., endemisch theils in Queensland, theils in N.-S.-Wales.
Saccolabium Labill., Benth. l. c. p. 298. — 1 Sp., endemisch in Australien (Queensland und N.-S.-Wales).
Geodorum Jacks., Benth. l. c. p. 298. — 1 Sp., endemisch im tropischen Neuholland, einer ostindischen Art sehr entsprechend.
Eulophia R. Brown, Benth. l. c. p. 299. — 2 Sp., endemisch im tropischen Australien.
Dipodium R. Brown, Benth. l. c. p. 300. — 2 Sp., endemisch theils im tropischen, theils im aussertropischen Australien.
Spathoglottis Blume, Benth. l. c. p. 304. — 1 Sp., endemisch in Queensland, nächstverwandt mit einer im Monsumgebiet einheimischen.
Phaius Lour., Benth. l. c. p. 304. — 2 Sp., im tropischen Australien, davon 1 auch im Monsumgebiet, 1 endemisch.
Galeola Lour., Benth. l. c. p. 306. — 2 Sp., endemisch in Australien (Queensland und N.-S.-Wales), eine derselben nahe verwandt mit einer javanischen Art.
Gastrodia R. Brown, Benth. l. c. p. 308. — 1 Sp., endemisch in Australien.
Cryptostylis R. Brown, Benth. l. c. p. 332. — 4 Sp., endemisch in Australien.
Apostasia Blume, Benth. l. c. p. 395. — 1 Sp., endemisch in Queensland.

Ord. *Amaryllideae.*

Eurycles Salisb., Benth. l. c. p. 455. — 2 Sp., in Queensland, davon eine im indischen Archipel, die andere endemisch.

Ord. *Smilaceae.*

*Smilax Tournef., Kunth. l. c. V, p. 160. — 1 Sp., endemisch im aussertropischen Neuholland; verwandt mit Arten des Monsumgebietes.

Ord. *Asparagineae.*

Dianella Lam., Kunth. l. c. V. p. 43. — 11 Sp., in N.-S.-Wales und im tropischen Australien.

Ord. Commelynaceae.

Anilema Kunth. l. c. V, p. 64. — 10 Sp., im tropischen und Ost-Australien, davon 1 auch in Ostindien verbreitet.

Ord. Juncaceae.

Flagellaria Linn., Kunth. l. c. III, p. 369. — Monotype Gattung, auch im Monsungebiet, Oceanien und Guinea.

Ord. Palmae.

Seaforthia R. Brown, Kunth. l. c. III, p. 189. — 1 Sp., endemisch im tropischen Australien.

Ord. Pandaneae.

*Pandanus Linn., Kunth. l. c. III, p. 94. — 2 Sp., endemisch im tropischen Australien.

Ord. Cyperaceae.

Lepironia Rich., Kunth. l. c. III, p. 366. — Monotype Gattung, auch in Ostindien und Madagaskar.

Ord. Gramineae.

Rottboellia R. Brown, Kunth. l. c. I, p. 466. — 2 Sp., eine endemisch in Australien, die andere auch in Ostindien und Cochinchina.

Isachne R. Brown, Kunth. l. c. p. 135. — 1 Sp., endemisch in Australien.

2. Aus den Elementen der Floren Oceaniens, des antarctischen Gebietes und der Anden entwickelte Formen, oder das oceanische Florenglied.

Subclass. POLYPETALAE.

Ord. Magnoliaceae.

Drymis Forst., Benth. l. c. I, p. 49. — 2 Sp., endemisch in Ost-Australien. Die Gattung zählt zum Hauptelement der oceanischen Flora.

Ord. Violaceae.

Hymenanthera R. Brown, Benth. l. c. I, p. 104. — 1 Sp., endemisch in Ost-Australien. Zum Verbreitungsbezirk dieser aus wenigen Arten bestehenden Gattung gehören auch Norfolk und Neuseeland.

Ord. Malvaceae.

Plagianthus Forst., Benth. l. c. I, p. 187. — 7 Sp., endemisch, meist im aussertropischen Australien. Die Gattung zählt zum Hauptelement der Flora Neuseelands.

Ord. Tiliaceae.

Aristotelia L'Hér., Benth. l. c. I, p. 279. — 2 Sp., endemisch in Ost-Australien. Die Gattung ist hauptsächlich noch in Neuseeland einheimisch.

Ord. Rutaceae.

Acronychia Forst., Benth. l. c. I, p. 266. — 3 Sp., alle im Queensland, 2 auch in N.-S.-Wales. 1 Art kommt auch in Neu-Caledonien vor, 2 sind endemisch. Die Gattung ist vorzugsweise oceanisch.

Ord. Olacineae.

Pennantia Forst., Benth. l. c. I, p. 395. — 1 Sp., endemisch in N.-S.-Wales. Die Gattung enthält nur noch 1 Art in Norfolk und 1 in Neuseeland einheimisch.

Villaresia Ruiz et Pav. Benth. l. c. — 1 Sp., endemisch in N.-S.-Wales. Die Gattung ist nur noch in Oceanien und in Südamerika repräsentirt.

Ord. *Ilicineae*.

Byronia Endl., Benth. l. c. I, p. 396. — 1 Sp., endemisch in Nord-Australien. Die Gattung ist vorzugsweise oceanisch.

Ord. *Saxifrageae*.

Argophyllum Forst., Benth. l. c. II, p. 436. — 1 Sp., endemisch in Queensland. Die Gattung enthält nur noch 3—4 Arten von Neu-Caledonien.

Quintinia Alph. De Cand., Benth. l. c. I, p. 437. — 2 Sp., endemisch in N.-S.-Wales. Ausser diesen enthält die Gattung nur noch 2 Sp. von Neuseeland.

*Weinmannia Linn., Benth. l. c. I, p. 444. — 1 Sp., endemisch in N.-S.-Wales.

Ackama A. Cunn., Benth. l. c. — 1 Sp., endemisch in N.-S.-Wales. Die mit voriger nahe verwandte Gattung enthält nur noch 1 Art von Neuseeland.

Ord. *Halorageae*.

Gunnera Linn., Benth. l. c. II, p. 490. — 1 Sp., endemisch in Tasmanien, nahe verwandt einer in Neuseeland und in dem antarctischen Amerika einheimischen Art.

Ord. *Myrtaceae*.

Xanthostemon F. Muell., Benth. l. c. III, p. 268. — 2 Sp. im tropischen Australien. Diese mit *Metrosideros* nächstverwandte Gattung ist vorzugsweise in Neu-Caledonien verbreitet.

Ord. *Umbelliferae*.

Azorella Lam., Benth. l. c. III, p. 364. — 4 Sp., endemisch in Victoria und Tasmanien, Alpen bewohnend. Das Geschlecht umfasst Arten von den Anden und dem aussertropischen Südamerika, sowie auch von Neuseeland und dem antarctischen Gebiete.

Aciphylla Forst., Benth. l. c. III, p. 374. — 3 Sp., endemisch in Victoria und Tasmanien, Alpen bewohnend. Das Geschlecht umfasst ferner Arten von Neuseeland und den antarctischen Inseln.

Subclass. **MONOPETALAE**.
Ord. *Rubiaceae*.

Antirrhoea Juss., Benth. l. c. III, p. 418. — 1 Sp., endemisch in Queensland, aber sehr nahe verwandt einer oceanischen Art.

Coprosma Forst., Benth. l. c. III, p. 429. — 5 Sp., in Ost-Australien, von diesen 1 auch in Neuseeland, die übrigen endemisch. Die Gattung in Oceanien mit zahlreichen Arten verbreitet.

Nertera Banks, Benth. l. c. III, p. 431. — 2 Sp., bergbewohnend in Ost-Australien, davon 1 auch in Neuseeland, den Inseln des stillen Meeres, auf den Anden und im antarctischen Amerika, die andere endemisch.

Ord. *Compositae*.

Vittadinia A. Rich., Benth. l. c. III, p. 489. — 4 Sp., theils im tropischen, theils im aussertropischen Australien; davon 1 auch in Neuseeland und nahe verwandt einer südamerikanischen Art, die übrigen endemisch.

Podocoma Less., Benth. l. c. III, p. 492. — 1 Sp., endemisch in Australien.

Abrotanella Cass., Benth. l. c. III, p. 553. — 3 Sp., alpenbewohnend in Tasmanien und Victoria. Die Gattung umfasst nur noch Arten von Neuseeland und der antarctischen Region.

Craspedia Forst. Benth. l. c. III, p. 579. — 4 Sp., vorherrschend im aussertropischen Neuholland; davon 1 auch in Neuseeland, die übrigen endemisch. Die Gattung repräsentirt in Neuseeland die australischen Gattungen *Angianthus* und *Calocephalus*.

Raoulia Hook. f., Benth. l. c. III, p. 650. — 2 Sp., endemisch in Tasmanien und Victoria; alpenbewohnend. Die Gattung umfasst hauptsächlich Arten von Neuseeland, den Anden und dem antarctischen Amerika.

Erechthites Rafin., Benth. l. c. III, p. 657. — 6 Sp., meist von grösserer Verbreitung in Australien; davon 3 auch in Neuseeland, die übrigen endemisch.

Ord. *Stylideae*.

Forstera Linn. f., Benth. l. c. IV, p. 36. — 1 Sp., endemisch in Tasmanien, Alpen bewohnend; nächstverwandt einer neuseeländischen Art. Das Geschlecht kommt vorzugsweise Neuseeland und dem antarctischen Amerika zu.

Ord. *Ericaceae*.

Pernettya Gaudich., Benth. l. c. IV, p. 140. — 1 Sp. endemisch in Tasmanien, Alpenstrauch, verwand der *P. empetrifolia* Gaudich. Die Gattung gehört vorzugsweise den Anden, den antarctischen Inseln und Neuseeland an.

*Gaultheria Linn., Benth. l. c. IV, p. 140. — 3 Sp. Gebirgssträucher in Tasmanien, Victoria und N.-S.-Wales, von diesen 1 auch in Neuseeland, die übrigen endemisch; eine derselben an eine antarctische Art sich anschliessend.

Ord. *Primulaceae*.

Samolus Linn., Benth. l. c. IV p. 270. — 3 Sp., davon 1 endemisch in West-Australien und nächstverwandt einer oceanischen Art. 1 auch in Oceanien und 1 in den meisten gemässigten und wärmeren Gebieten der Erde verbreitet.

Ord. *Apocyneae*.

Ochrosia Juss., Benth. l. c. IV. p. 309. — 2 Sp. in Ost-Australien, davon eine in Oceanien verbreitet, die andere endemisch. Die mit *Alyxia* nahe verwandte Gattung hat eine grössere Verbreitung in Oceanien.

Ord. *Loganiaceae*.

Geniostoma Forst., Benth. l. c. IV, p. 366. — 1 Sp., endemisch in Queensland, aber sehr nahe verwandt einer oceanischen Art.

Ord. *Scrophularineae*.

Ourisia Comm., Benth. l. c. IV, p. 512. — 1 Sp., endemisch in Tasmanien, Alpenpflanze. Die Gattung umfasst zahlreiche Arten von den südamerikanischen Anden und Neuseeland.

Ord. *Verbenaceae*.

Faradaya F. Muell., Benth. l. c. V, p. 69. — 1 Sp., endemisch in Queensland. Diese dem neucaledonischen Genus *Oxera* nächstverwandte Gattung enthält nur noch 3 Arten von den Inseln des stillen Meeres.

Subclass. **MONOCHLAMYDEAE**.

Ord. *Polygoneae*.

Muehlenbeckia Meissn., Benth. l. c. V, p. 273. — 7 Sp., von grösserer Verbreitung theils im tropischen, theils im aussertropischen Australien, davon 1 auch in Neuseeland, die übrigen endemisch; von letzteren 1 einer neuseeländischen Art sehr nahestehend.

Ord. *Nyctagineae*.

*Pisonia Linn., Benth. l. c. V, p. 279. — 3 Sp. im tropischen Australien, 2 auch in N.-S.-Wales. 1 Art endemisch, aber einer oceanischen nächstverwandt, die übrigen auch in anderen Gebieten verbreitet.

Ord. Monimiaceae.

Atherosperma Labill., Benth. l. c. V, p. 284. — 1 Sp., endemisch in Ost-Australien. Die Gattung enthält nur noch 1 Art von Neuseeland und 1 im aussertropischen Süd-Amerika.
*Hedycarya Forst., Benth. l. c. V, p. 290. — 1 Sp., endemisch in Ost-Australien.

Ord. Thymeleae.

Drapetes Lam., Benth. l. c. VI, p. 35. — 1 Sp., endemisch in Ost-Australien, nahe verwandt einer neuseeländischen Art.

Ord. Urticeae.

Antiaris Leschen., Benth. l. c. VI, p. 179. — 1 Sp., endemisch in Nord-Australien.
Elatostemma Forst., Benth. l. c. VI, p. 183. — 2 Sp., endemisch in Ost-Australien, nahe verwandt mit oceanischen Arten.
Australina Gaudich., Benth. l. c. VI, p. 188. — 2 Sp.. in Tasmanien und Victoria, davon eine auch in Neuseeland, die andere endemisch.
Laportea Gaudich., Benth. l. c. VI, p. 191. — 3 Sp., endemisch in Ost-Australien, davon 1 näher verwandt mit einer oceanischen Art.

Ord. Cupuliferae.

*Fagus Linn., Benth. l. c. VI, p. 209. — 3 Sp., endemisch in Ost-Australien, davon 2 verwandt mit einer oceanischen (neuseeländischen). 1 nahe verwandt mit einer antarctischen Art.

Subclass. GYMNOSPERMAE.

Ord. Coniferae.

*Dammara Rumph., Benth. l. c. VI, p. 244. — 1 Sp., endemisch in Queensland.
Dacrydium Soland., Benth. l. c. — 1 Sp., endemisch in Tasmanien.
Phyllocladus Rich., Benth. l. c. VI. p. 245. — 1 Sp., endemisch in Tasmanien.

Class. MONOCOTYLEDONES.

Ord. Orchideae.

Microtis R. Brown, Benth. l. c. VI. p. 246. — 6 Sp., vorherrschend im aussertropischen Australien, davon 1 auch in Neuseeland und 1 im indischen Archipel, die übrigen endemisch.
Corysanthes R. Brown, Benth. l. c. VI, p. 250. — 3 Sp., endemisch meist in Ost-Australien.
Cyrtostylis R. Brown, Benth. l. c. VI. p. 376. — 1 Sp., endemisch in Australien.
Chiloglottis R. Brown, Benth. l. c. p. 390. — 2 Sp., endemisch in Ost-Australien.

Ord. Irideae.

Libertia Spreng., Benth. l. c. p. 412. — 2 Sp. in Ost-Australien, davon eine auch in Neuseeland die andere endemisch.

Ord. Smilaceae.

Ripogonum Forst.. Kunth. l. c. V. p. 270. — 1 Sp. in N.-S.-Wales.

Ord. Juncaceae.

Astelia Banks et Sol., Kunth. l. c. III. p. 364. — 1 Sp., endemisch in Australien.

Ord. Cyperaceae.

Oreobolus R. Brown, Kunth. l. c. II, p. 367. — 1 Sp., endemisch in Australien. Die zweite Art dieser kleinen Gattung gehört dem oceanischen Gebiete an.

Lampocarya R. Brown, Kunth l. c. p. 333. — 2 Sp., endemisch in Australien. Die wenigen übrigen Arten vertheilen sich auf Neuseeland, die Moluccen und andere oceanische Gebiete.

Ord. *Gramineae.*

Thouarea Pet. Thouars, Kunth l. c. p. 173. — 2 Sp., endemisch in Australien.

3. Aus den Elementen amerikanischer Floren entwickelte Formen, oder das amerikanische Florenglied.

Class. DICOTYLEDONES.

Subclass. POLYPETALAE.

Ord. *Violaceae.*

Jonidium Vent., Benth. l. c. p. 101. — 7 Sp., mit Ausnahme einer im tropischen Asien und Afrika verbreiteten Art endemisch und auf die meisten Gebiete Australiens vertheilt. Die Gattung gehört zum Hauptelement amerikanischer Floren.

Ord. *Caryophylleae.*

Drymaria Willd., Benth. l. c. I, p. 163. — 1 Sp., endemisch in West-Australien, Arten von Neu-Mexiko analog. Die Gattung gehört zum Hauptelement der chilenesischen Übergangsflora und der Flora von Mexiko.

Ord. *Portulaceae.*

Portulacca Linn., Benth. l. c. I, p. 168. — 7 Sp., vorzugsweise im tropischen Australien, davon 1 in allen Welttheilen verbreitet, die übrigen endemisch. Letztere schliessen sich mehr den ostindischen Arten dieser besonders in Amerika entwickelten Gattung an.

Calandrinia H. B. et K., Benth. l. c. p. 171. — 16 Sp., auf alle Gebiete Australiens vertheilt, sämmtlich endemisch. Einige derselben sind chilenesischen Arten dieser vorzugsweise amerikanischen Gattung nächstverwandt.

Ord. *Malvaceae.*

Sida Linn., Benth. l. c., I, p. 191. — 16 Sp., die Mehrzahl im tropischen Australien, mehrere auch im aussertropischen; 3 kommen in allen Tropengegenden vor, die übrigen sind endemisch. Die letzteren schliessen sich mehr den ostindischen Arten dieser vorzugsweise amerikanischen Gattung an.

Howittia F. Muell., Benth. l. c. p. 198. — Monotype Gattung, endemisch in Ost-Australien, der vorhergehenden nächstverwandt, aus deren Umbildung sie entstanden sein dürfte.

Abutilon Gaertn., Benth. l. c. p. 198. — 18 Sp., vorherrschend in Ost-Australien, davon 3 weit verbreitet im tropischen Asien und Afrika, 2 asiatischen Ursprungs, die übrigen endemisch.

Fugosia Juss., Benth. l. c. p. 219. — 7 Sp., endemisch, vorherrschend in Nord-Australien; davon 1 einer brasilianischen Art analog.

Ord. *Sterculiaceae.*

Dicarpidium F. Muell., Benth. l. c. I, p. 235. — Monotype Gattung, in Nord-Australien, an die amerikanische Gattung *Waltheria* sich anschliessend.

Ord. *Rhamneae.*

Discaria Hook., Benth. l. c. I, p. 445. — 1 Sp., endemisch in Ost-Australien. Diese Gattung ist vorzugsweise südamerikanisch.

Ord. Sapindaceae.

Ratonia De Cand., Benth. l. c. I, p. 460. — 5 Sp., endemisch, 4 in Queensland, 1 in N.-S.-Wales.
Sapindus Linn., Benth. l. c. p. 464. — 1 Sp. endemisch in Queensland.

Ord. Anacardiaceae.

Euroschinus Hook. f., Benth. l. c. I, p. 490. — Monotype Gattung, endemisch in Ost-Australien. Der amerikanischen Gattung *Schinus* zunächststehend.

Ord. Leguminosae.

Lespedeza Mich., Benth. l. c. II. p. 240. — 2 Sp., im aussertropischen Australien, davon 1 asiatisch, 1 endemisch; letztere einer nordamerikanischen Art analog.
Clitoria Linn., Benth. l. c. p. 242. — 1 Sp., endemisch in Nord-Australien, nächstverwandt einer Art aus dem tropischen Süd-Amerika.
Galactia R. Brown, Benth. l. c. p. 255. — 2 Sp., im tropischen Australien; davon eine von grosser Verbreitung im tropischen Asien, Afrika und Amerika, die andere endemisch.
Rhynchosia Lour., Benth. l. c. p. 265. — 6 Sp., im tropischen Neuholland, von diesen 1 von grosser Verbreitung in den meisten Tropengegenden der Erde; die übrigen endemisch. Von letzteren eine einer südamerikanischen Art nächstverwandt.

Ord. Rosaceae.

Stylobasium Desf., Benth. l. c. II, p. 427. — 2 Sp., endemisch in West-Australien. Diese australische Gattung ist enge verwandt mit der amerikanischen Gattung *Leiostemon*.
Acaena Linn., Benth. l. c. p. 433. — 3 Sp., von grösserer Verbreitung in Australien, davon 2 auch in Südamerika und Neuseeland, die dritte endemisch.

Ord. Myrtaceae.

Myrtus Linn., Benth. l. c. III, p. 273. — 9 Sp., alle endemisch, fast sämmtlich in Queensland, mehrere auch in N.-S.-Wales verbreitet.

Ord. Melastomaceae.

Osbeckia Linn., Benth. l. c. III, p. 290. — 2 Sp., im tropischen Australien, davon eine auch im Monsungebiet, die andere endemisch.

Ord. Onagrarieae.

Oenothera Linn., Benth. l. c. III, p. 302. — 1 Sp., endemisch in Tasmanien, verwandt einer amerikanischen Art.

Ord. Samydeae.

Casearia Linn., Benth. l. c. III, p. 308. — 2 Sp., in Queensland. Davon eine auch in Ost-Indien; die andere endemisch, aber einer ostindischen Art dieses vorzugsweise amerikanischen Geschlechts sehr nahe verwandt.

Ord. Passifloreae.

Passiflora Linn., Benth. l. c. III, p. 311. — 3 Sp., endemisch in Queensland, eine derselben nächstverwandt einer oceanischen Art.

Ord. Umbelliferae.

Eryngium Linn., Benth. l. c. III, p. 369. — 4 Sp., theils im aussertropischen, theils im tropischen Australien verbreitet; von denselben 1 auch in Chili und 1 auch in Neuseeland, die übrigen endemisch. Eine der letzteren einer tropisch-amerikanischen Art analog.

Subclass. **MONOPETALAE.**

Ord. *Compositae.*

Vernonia Schreb., Benth. l. c. III. p. 459. — 1 Sp., endemisch im tropischen Australien, einer asiatischen Art nahe verwandt; die Gattung aber vorzugsweise amerikanisch

Erigeron Linn., Benth. l. c. p. 493. — 6 Sp., davon 3 amerikanischen Ursprungs, die übrigen endemisch in Ost-Australien.

Wedelia Jacq., Benth. l. c. p. 537. — 6 Sp., vorzugsweise im tropischen Australien, davon 4 auch im Monsungebiet verbreitet, die übrigen endemisch.

Eclipta Linn., Benth. l. c. p. 536. — 2 Sp., im tropischen und aussertropischen Australien, davon eine von grosser Verbreitung in den wärmeren Gebieten der Erde, die andere endemisch und an brasilianische Arten dieser Gattung sich anschliessend.

Flaveria Juss., Benth. l. c. p. 547. — 1 Sp., endemisch im tropischen Australien, nächstverwandt einer in Südamerika sehr verbreiteten Art.

Amblysperma Benth. l. c. p. 676. — Monotyp, nur in West-Australien. Repräsentirt die vorzugsweise südamerikanische Abtheilung der Mutisiaceen.

Ord. *Sapotaceae.*

*Chrysophyllum Linn., Benth. l. c. IV. p. 278. — 1 Sp., endemisch in Queensland und N.-S.-Wales. Die australische Art weicht von allen Arten dieser vorzugsweise tropisch-amerikanischen Gattung ab.

Sersalia R. Brown, Benth. l. c. p. 279. — 2 Sp., endemisch im tropischen Australien. Schliesst sich der Gattung *Achras* an.

*Achras Linn., Benth. l. c. p. 280. — 8 Sp., im tropischen Australien; von diesen 1 auch in Norfolk, die übrigen endemisch und zur Section *Oligotheca* gehörig.

Ord. *Solanaceae.*

Solanum Linn., Benth. l. c. IV. p. 442. — 50 Sp., die Mehrzahl im tropischen Australien, viele auch im aussertropischen, besonders in Ost-Australien. 2 Arten auch in Oceanien, 1 auch im Monsungebiet, 2 von grösserer Verbreitung; die übrigen endemisch. Mehrere Abtheilungen der letzteren sind auch in Südamerika repräsentirt.

Anthotroche Endl., Benth. l. c. p. 467. — 2 Sp., endemisch in West-Australien. Diese australische Gattung schliesst sich amerikanischen an.

Datura Linn., Benth. l. c. p. 468. — 1 Sp., endemisch im tropischen Australien.

Nicotiana Linn., Benth. l. c. p. 469. — 1 Sp., endemisch in Australien.

Ord. *Scrophularineae.*

Mimulus Linn., Benth. l. c. IV, p. 481. — 4 Sp., theils im tropischen, theils im aussertropischen Australien; 1 auch in Neuseeland, die übrigen endemisch.

Stemodia Linn., Benth. l. c. p. 485. — 4 Sp., vorzugsweise im tropischen Australien; davon 1 in Ostindien sehr verbreitet, die übrigen endemisch.

Capraria Linn., Benth. l. c. p. 503. — 1 Sp., endemisch in N.-S.-Wales.

Subclass. **MONOCHLAMYDEAE.**

Ord. *Phytolaccaceae.*

Monococcus F. Muell., Benth. l. c. V, p. 144. — Monotype Gattung, endemisch in Ost-Australien; nahe verwandt der amerikanischen Gattung *Petiveria*.

Ord. *Amarantaceae.*

Gomphrena Linn., Benth. l. c. V, p. 252. — 14 Sp., endemisch im tropischen, vorzugsweise in Nord-Australien. Die Gattung enthält nur noch eine namhafte Zahl von Arten in den wärmeren Gebieten Amerika's.

Ord. *Monimiaceae.*

*Mollinedia R. et Pav., Benth. l. c. V, p. 286. — 4 Sp., endemisch in Queensland. Die Gattung umfasst nur noch zahlreiche Arten im tropischen Amerika.

Kibara Endl., Benth. l. c. V, p. 288. — 4 Sp., endemisch in Queensland. Die Gattung, der vorigen nahe verwandt, enthält ausser diesen noch einige wenige aus dem Monsumgebiet.

Subclass. **GYMNOSPERMAE.**

Ord. *Coniferae.*

*Araucaria Juss., Benth. l. c. VI. p. 242. — 2 Sp., endemisch in Ost-Australien.

Class **MONOCOTYLEDONES.**

Ord. *Orchideae.*

Pogonia Juss., Benth. l. c. VI, p. 309. — 3 Sp., endemisch in Queensland.

Ord. *Dioscoreae.*

Dioscorea Linn., Benth. l. c. VI. p. 460. — 3 Sp., davon 1 sehr verbreitet im Monsumgebiet, die übrigen endemisch.

Ord. *Xyrideae.*

Xyris Linn., Kunth l. c. IV, p. 2. — 16 Sp., meist im tropischen Neuholland endemisch.

Ord. *Commelynaceae.*

Commelyna Linn., Kunth l. c. IV, p. 35. — 4 Sp., endemisch in Australien.

Ord. *Eriocauloneae.*

Eriocaulon Linn., Kunth l. c. III, p. 539. — 11 Sp., endemisch im tropischen Australien, ostindischen Arten nahe verwandt. Die Gattung tropisch-amerikanisch.

Ord. *Cyperaceae.*

Uncinia Pers., Kunth l. c. II, p. 524. — 2 Sp., endemisch in Australien.
Dichromena Vahl., Kunth l. c. p. 272. — 1 Sp., auch in Guiana, Brasilien und auf den Caraiben.
Rhynchospora Vahl., Kunth l. c. p. 287. — 1 Sp., endemisch in Australien.

Ord. *Gramineae.*

Erianthus Rich., Kunth l. c. I, p. 478. — 2 Sp., endemisch in Australien.
Deyeuxia Clar., Kunth l. c. p. 239. — 4 Sp., endemisch in Australien.
Polypogon Desfont., Kunth l. c. p. 232. — 1 Sp., endemisch. Die Gattung enthält nur noch 13 Sp., die sich hauptsächlich auf Süd-Amerika, 2 auf das Mediterran-Gebiet und 2 auf Oceanien vertheilen.
Cinna Linn., Kunth l. c. p. 206. — 1 Sp., endemisch in Australien; 1 Sp. kommt auch in Neuseeland vor.
Muehlenbergia Schreb., Kunth l. c. p. 198. — 1 Sp., endemisch in Australien.
Aristida Linn., Kunth l. c. p. 187. — 6 Sp. endemisch. Die Gattung vorwiegend brasilianisch.
Leersia Soland., Kunth l. c. p. 5. — 1 Sp., endemisch in Australien.
Paspalum Linn., Kunth l. c. p. 40. — 4 Sp., davon 2 endemisch, 1 auch in Amerika, 1 auch im Monsumgebiet, im tropischen Afrika und in Oceanien.

4. Aus den Elementen der Floren des östlichen Waldgebiets und des mediterranen Gebiets entwickelte Formen, oder das europäische Florenglied.

Class. **DICOTYLEDONES.**

Subclass. **POLYPETALAE.**

Ord. *Papaveraceae.*

Papaver Linn., Benth. l. c. I, p. 63. — 1 Sp., sehr entsprechend einer europäischen Art.

Ord. *Cruciferae.*

Blennodia R. Brown, Benth. l. c. I, p. 73. — 11 Sp., vorzugsweise in Ost- und Süd-Australien. Umgewandelt aus *Sisymbrium.*

Ord. *Frankeniaceae.*

Frankenia Linn., Benth. l. c. I, p. 150. — 7 Sp., sämmtlich endemisch, vorzugsweise in West-Australien; eine derselben nächstverwandt einer in Europa, Canarien und Nord-Afrika gemeinen Art.

Ord. *Caryophylleae.*

Stellaria Linn., Benth. l. c. I, p. 157. — 5 Sp., davon 2 endemisch in Ost-Australien, von diesen eine nächstverwandt mit einer in den gemässigten Gebieten der nördlichen Hemisphäre gemeinen Art; die übrigen 3 Sp. gemein in Europa und im gemässigten Asien.

Ord. *Malvaceae.*

Lavatera Linn., Benth. l. c. I, p. 185. — 1 Sp., endemisch im aussertropischen Australien, einer europäischen Art nahestehend.

Ord. *Lineae.*

Linum Linn., Benth. l. c. I, p. 282. — 1 Sp., endemisch im aussertropischen Australien, aber sehr nahe verwandt mit einer europäischen Art.

Ord. *Rhamneae.*

*Rhamnus Linn., Benth. l. c. I, p. 412. — 1 Sp. in Queensland.

Ord. *Leguminosae.*

*Trigonella Linn., Benth. l. c. II, p. 186. — 1 Sp., im aussertropischen Australien, einer in der mediterranen Region einheimischen und in Süd-Afrika eingewanderten Art nahestehend.

Lotus Linn., Benth. l. c. p. 187. — 2 Sp., davon eine in Australien sehr verbreitet und endemisch, die andere über ganz Europa und das gemässigte Asien verbreitet.

*Glycyrrhiza Linn., Benth. l. c. p. 224. — 1 Sp., endemisch in Ost-Australien, einer mediterranen Art nahe verwandt.

Ord. *Rosaceae.*

Geum Linn., Benth. l. c. II, p. 427. — 1 Sp., Alpenpflanze, endemisch in Tasmanien.

*Rubus Linn., Benth. l. c. p. 429. — 5 Sp., davon 2 endemisch in Ost-Australien, die übrigen auf Asien und Afrika vertheilt.

Ord. *Umbelliferae.*

Seseli Linn., Benth. l. c. III, p. 373. — 2 Sp., Alpenpflanzen, endemisch in Victoria.

Daucus Linn., Benth. l. c. p. 376 — 1 Sp., in Australien sehr verbreitet und dort ursprünglich einheimisch, nach Neuseeland und dem westlichen Amerika eingewandert.

Ord. Araliaceae.

*Hedera Linn., Benth. l. c. III, p. 384. — 1 Sp., endemisch in Queensland.

Subclass. II. MONOPETALAE.

Ord. Caprifoliaceae.

*Sambucus Linn., Benth. l. c. III, p. 398. — 2 Sp., endemisch in Ost-Australien, die 2 Arten auf der gemässigten nördlichen Hemisphäre vollkommen analog sind.

Ord. Rubiaceae.

Asperula Linn., Benth. l. c. III, p. 443. — 6 Sp., endemisch, vorzugsweise in Ost-Australien.
*Galium Linn., Benth. l. c. p. 445. — 6 Sp., vorherrschend in Ost- und Süd-Australien; davon 1 auch in Neuseeland, 1 aus Europa eingewandert, die übrigen endemisch.

Ord. Compositae.

Leuzea De Cand., Benth. l. c. III, p. 457. — 1 Sp., endemisch in Ost-Australien, einer Art der Mediterran-Flora am meisten analog.

Ord. Primulaceae.

Lysimachia Linn., Benth. l. c. IV, p. 268. — 2 Sp., in Ost-Australien, eine endemisch und einer nordasiatischen Art nächstverwandt, die andere von grosser Verbreitung im Monsumgebiet.

Ord. Gentianeae.

Erythraea Pers., Benth. l. c. IV, p. 371. — 1 Sp., in allen Gebieten Australiens, von da in das oceanische Florengebiet eingewandert; einer Art der Mediterran-Flora sehr nabestehend.
Gentiana Linn., Benth. l. c. p. 373. — 1 Sp., Alpenpflanze in Ost-Australien, in Neuseeland wahrscheinlich eingewandert.

Ord. Boragineae.

Myosotis Linn., Benth. l. c. IV, p. 405. — 2 Sp., im aussertropischen Australien, eine auch in Neuseeland, die andere endemisch.
Eritrichium Schrad., Benth. l. c. p. 406. — 1 Sp., endemisch im aussertropischen Australien.
Echinospermum Swartz, Benth. l. c. p. 407. — 1 Sp., endemisch im aussertropischen Australien.
Rochelia Reichenb., Benth. l. c. p. 407. — 1 Sp., endemisch in N.-S.-Wales, nahe verwandt einer mediterranen Art.
Cynoglossum Linn., Benth. l. c. p. 408. — 4 Sp., endemisch, vorherrschend in Ost-Australien.

Ord. Scrophularineae.

Veronica Linn., Benth. l. c. IV, p. 504. — 15. Sp., davon 12 endemisch und meist Hochgebirgspflanzen in Ost-Australien, 1 auch in Neuseeland, die übrigen wahrscheinlich eingeschleppt. Einige der endemischen Arten schliessen sich neuseeländischen Arten an.
Euphrasia Linn., Benth. l. c. p. 519. — 8 Sp., vorherrschend in Ost-Australien, darunter einige alpenbewohnend. 7 Arten endemisch, 1 auch in Neuseeland und im antarctischen Amerika.

Ord. Labiatae.

Mentha Linn., Benth. l. c. V, p. 81. — 6 Sp., sämmtlich endemisch, vorherrschend in Ost-Australien; einige entsprechen europäischen und überhaupt Formen der nördlichen Hemisphäre.
Lycopus Linn., Benth. l. c. p. 84. — 1 Sp., endemisch in Ost-Australien.

Scutellaria Linn., Benth. l. c. V, p. 87. — 2 Sp., endemisch in Ost-Australien; eine derselben mit einer europäisch-asiatischen Form nahe verwandt.

Teucrium Linn., Benth. l. c. p. 132. — 6 Sp., sämmtlich endemisch, theils im tropischen, theils im aussertropischen Australien; einige derselben europäischen oder asiatischen Formen, andere südafrikanischen verwandt.

Ajuga Linn., Benth. l. c. p. 135. — 2 Sp., endemisch, vorzugsweise in Ost-Australien; eine derselben einer Himalaya-Species verwandt.

Ord. *Plantagineae*.

Plantago Linn., Benth. l. c. V, p. 137. — 8 Sp., vorherrschend in Ost-Australien, einige Alpenpflanzen in Victoria und Tasmanien; 6 Sp. sind endemisch, 1 auch in Neuseeland, auf den antarctischen Inseln und wahrscheinlich im Andengebiete verbreitet, 1 aus Europa eingeschleppt.

Subclass. MONOCHLAMYDEAE.
Ord. *Paronychiaceae*.

Scleranthus Linn., Benth. l. c. V, p. 258. — 4 Sp., in Ost-Australien, davon 1 in Neuseeland, die übrigen endemisch.

Class. MONOCOTYLEDONES.
Ord. *Gramineae*.

Bromus Linn., Kunth l. c. p. 412. — 2 Sp., endemisch.
Festuca Linn., Kunth l. c. p. 391. — 1 Sp., jedoch zweifelhaft ob endemisch.
Alopecurus Linn., Kunth l. c. p. 23. — 1 Sp., endemisch in Australien.

5. Aus den Elementen afrikanischer Floren, insbesondere der Cap-Flora entwickelte Formen, oder das afrikanische Florenglied.

Class. DICOTYLEDONES.
Subclass. POLYPETALAE.
Ord. *Anonaceae*.

Popowia Endl., Benth. l. c. I, p. 52. — 1 Sp., endemisch in Nord-Australien, einer tropisch-afrikanischen Art am meisten analog.

Ord. *Elatineae*.

Bergia Linn., Benth. l. c. I, p. 179. — 4 Sp., alle in Nord-Australien, 1 auch in Victoria. Von denselben 2 endemisch und zunächst entsprechend südafrikanischen Arten.

Ord. *Malvaceae*.

Adansonia Linn., Benth. l. c. I, p. 222. — 1 Sp., endemisch in Nord-Australien, verwandt mit einer tropisch-afrikanischen Art.

Ord. *Geraniaceae*.

Pelargonium L'Hér., Benth. l. c. I, p. 298. — 2 Sp., im aussertropischen Australien, die eine auch in Neuseeland und Südafrika vorkommend, die andere endemisch und einer Cap-Art sehr nahe stehend.

Ord. *Anacardiaceae*.

*Rhus Linn., Benth. l. c. I, p. 488. — 1 Sp., endemisch in Ost-Australien, einer Cap-Art nächstverwandt.

Ord. **Leguminosae.**

Indigofera Linn., Benth. l. c. II. p. 194. — 17 Sp., vorzugsweise im tropischen Australien, davon 8, darunter die strauchartigen, endemisch, die übrigen meist im tropischen Asien und einige auch in Afrika verbreitet. Die Gattung zählt zum Hauptelement afrikanischer Floren.

Tephrosia Pers., Benth. l. c. p. 202. — 23 Sp., sämmtlich endemisch, vorherrschend in Nord-Australien, einige südafrikanischen Arten entsprechend.

Lonchocarpus H. B. et K., Benth. l. c. p. 271. — 1 Sp., endemisch in Queensland und N.-S.-Wales; nahe verwandt einer tropisch-afrikanischen Art.

Erythrophorum Afz., Benth. l. c. p. 297. — 1 Sp., endemisch im tropischen Australien. Die Gattung enthält nur noch einige tropisch-afrikanische Arten.

Ord. **Passifloreae.**

Modecca Lam., Benth. l. c. III, p. 312. — 1 Sp., endemisch in Nord-Australien, nahe verwandt einer tropisch-afrikanischen Art.

Ord. **Cucurbitaceae.**

Melothria Linn., Benth. l. c. III, p. 320. — 2 Sp., endemisch in Ost-Australien, davon 1 nahe verwandt einer tropisch-afrikanischen Art.

Ord. **Ficoideae.**

Mesembryanthemum Linn., Benth. l. c. III. p. 323. — 4Sp. im aussertropischen, 1 auch im tropischen Australien; zwei derselben auch in Südafrika vorkommend und wahrscheinlich von dort aus eingewandert, eine andere wohl ursprünglich in Australien und einer Cap-Art nächststehend.

Tetragonia Linn. Benth. l. c. p.325. — 2Sp. im aussertropischen, 1 auch im tropischen Australien und von grosser Verbreitung in Neuseeland, dem aussertropischen Südamerika und Japan, 1 Art endemisch.

Aizoon Linn., Benth. l. c. p. 326. — 1 Sp., endemisch in N.-S.-Wales und Süd-Australien, analog einer südafrikanischen Art.

Trianthema Linn., Benth. l. c. p. 329. — 6 Sp., vorzugsweise im tropischen Australien, davon 2 gemein im tropischen Asien und Afrika, die übrigen endemisch.

Mollugo Linn., Benth. l. c. p. 332. — 5 Sp., theils im tropischen, theils im aussertropischen Australien, davon 3 auch gemein im tropischen Asien und Afrika, die übrigen endemisch.

Gunnia F. Muell., Benth. l. c. p. 327. — 2 Sp., Eine in Süd-, die andere in West-Australien.

Macarthuria Hueg., Benth. l. c. p. 331. — 3 Sp., davon 2 in West-Australien und eine in N.-S.-Wales.

Subclass. **MONOPETALAE.**

Ord. **Compositae.**

Cymbonotus Cass., Benth. l. c. p. 674. — MonotypeGattung, im gesammten aussertropischen Australien verbreitet. Repräsentirt die vorzugsweise südafrikanische Abtheilung der Calendulaceen.

Ord. **Gentianeae.**

Sebaea R. Brown, Benth. l. c. IV, p. 370. — 2Sp., vorzugsweise in Ost-Australien, eine auch in Neuseeland, die andere endemisch.

Ord. **Solanaceae.**

Lycium Linn., Benth. l. c. IV, p. 467. — 1 Sp., endemisch in N.-S.-Wales und Süd-Australien. Die australische Art zeigt die Tracht einer in Süd-Afrika vorkommenden, woselbst das Geschlecht zahlreich repräsentirt erscheint.

Ord. *Scrophularineae.*

Rhamphicarpa Benth. l. c. IV, p. 517. — 1 Sp., in Nord-Australien; entsprechend einer afrikanischen Art.

Subclass. **MONOCHLAMYDEAE.**

Ord. *Santalaceae.*

Thesium Linn., Benth. l. c. VI, p. 212. — 1 Sp., in Ost-Australien endemisch.

Subclass. **GYMNOSPERMAE.**

Ord. *Cycadeae.*

Macrozamia Miq., Benth. l. c. p. 259. — 5 Sp., davon 4 in Queensland, meist aber auch in Ost-Australien und 1 in West-Australien. Die Gattung repräsentirt die südafrikanische *Encephalartos*.

Class. **MONOCOTYLEDONES.**

Ord. *Irideae.*

Moraea Linn., Benth. l. c. VI, p. 409. — 1 Sp., endemisch in N.-S.-Wales, die einzige Art, welche ausserhalb der eigentlichen Heimat dieser südafrikanischen Gattung Verbreitung findet.

Ord. *Amaryllideae.*

Hypoxis Linn., Benth. l. c. VI, p. 449. — 6 Sp., davon 5 endemisch, 1 auch in Neuseeland.
Crinum Linn., Benth. l. c. p. 453. — 5 Sp., davon 4 endemisch, 1 auch im Monsungebiet.

Ord. *Asphodeleae.*

Bulbine Linn., Kunth l. c. IV, p. 563. — 5 Sp., endemisch in N.-S.-Wales.
Chlorophytum Gawl., Kunth l. c. p. 602. — 1 Sp., endemisch im tropischen Neuholland.

6. Aus der Differenzirung polygenetischer Bestandtheile hervorgegangene Formen, oder das polygenetische Florenglied.

Class. **DICOTYLEDONES.**

Subclass. **POLYPETALAE.**

Ord. *Ranunculaceae.*

Clematis Linn., Benth. l. c. I, p. 5. — 4 Sp. endemisch, meist in Ost-Australien.
Anemone Linn., Benth. l. c. p. 8. — 1 Sp., Hochgebirgspflanze, endemisch in Tasmanien.
Ranunculus Linn., Benth. l. c. p. 9. — 11 Sp., davon 7 endemische Alpenpflanzen in Victoria, einige auch in Neuseeland, 1 von grosser Verbreitung in der nördlichen Hemisphäre.
Caltha Linn., Benth. l. c. p. 15. — 1 Sp., Alpenpflanze, endemisch in Victoria und Tasmanien, nahe verwandt einer neuseeländischen Art.

Ord. *Nymphaeaceae.*

Brasenia Schreb., Benth. l. c. p. 60. — Monotype Gattung, im tropischen Neuholland, in Nord-Amerika und Ostindien.
Nymphaea Linn., Benth. l. c. p. 61. — 1 Sp., endemisch, vorzugsweise in Ost-Australien, nächstverwandt einer in Asien und Afrika verbreiteten Art.

Ord. *Cruciferae.*

Cardamine Linn., Benth. l. c. p. 67. — 7 Sp., die Mehrzahl endemisch in Australien.
Capsella Moench., Benth. l. c. p. 81. — 3 Sp., davon 2 endemisch in Victoria und Tasmanien.
Senebiera Pois., Benth. l. c. p. 82. — 1 Sp., in Queensland; auch in Süd-Afrika, in Madagaskar und in China.
*Lepidium Linn., Benth. l. c. p. 83. — 7 Sp., mit Ausnahme einer in den gemässigten Regionen von Europa, Asien und Afrika sehr verbreiteten Art, endemisch im aussertropischen Australien.
Thlaspi Linn., Benth. l. c. p. 87. — 4 Sp., alle endemisch im aussertropischen Australien.

Ord. *Capparideae.*

Cleome Linn., Benth. l. c. p. 89. — 2 Sp., endemisch in Nord-Australien.
Polanisia Rafin., Benth. l. c. p. 90. — 1 Sp., im tropischen Australien und in N.-S.-Wales; auch in Ostindien und im tropischen Afrika.
Gynandropsis De Cand., Benth. l. c. p. 91. — Monotype Gattung, endemisch in Nord-Australien.
Emblingia F. Muell., Benth. l. c. — Monotype Gattung, endemisch in West-Australien.
*Capparis Linn., Benth. l. c. p. 93. — 12 Sp., sämmtlich endemisch, vorzugsweise im tropischen Australien.
Apophyllum F. Muell., Benth. l. c. p. 97. — Monotype Gattung, endemisch im tropischen Australien.

Ord. *Violarieae.*

Viola Linn., Benth. l. c. p. 98. — 4 Sp., davon 2 endemisch in den Gebirgen Tasmaniens und Victoria's, 1 auch in Neuseeland und 1 auch in Norfolk, letztere verwandt einer asiatischen Art.

Ord. *Bixaceae.*

Xylosma Forst., Benth. l. c. p. 107. — 1 Sp., endemisch in Queensland und entsprechend einer oceanischen Art.
Streptothamnus F. Muell., Benth. l. c. p. 108. — 2 Sp., endemisch in N.-S.-Wales. Die Gattung gehört vielleicht zu den specifisch transmutierten Bestandtheilen der Flora Australiens.

Ord. *Caryophylleae.*

Polycarpaea Lour., Benth. l. c. p. 163. — 9 Sp., sämmtlich im tropischen, vorzugsweise in Nord-Australien, davon 7 endemisch.
Polycarpon Linn., Benth. l. c. — 1 Sp., im aussertropischen Australien und weit verbreitet in Europa, dem gemässigten oder wärmeren gemässigten Theilen Asiens, Afrikas und Amerikas.

Ord. *Zygophylleae.*

Tribulus Linn., Benth. l. c. p. 287. — 12 Sp., meist im tropischen Australien, davon 9 endemisch.
Nitraria Linn., Benth. l. c. p. 291. — 1 Sp., im aussertropischen Australien und von grosser Verbreitung in West-Asien und Nord-Afrika.
Zygophyllum Linn., Benth. l. c. p. 292. — 6 Sp., sämmtlich endemisch im aussertropischen Australien.

Ord. *Geraniaceae.*

Geranium Linn., Benth. l. c. p. 295. — 2 Sp., davon eine auch in Neuseeland und in Südamerika, die andere von grosser Verbreitung in den gemässigten Theilen der nördlichen Hemisphäre.
Erodium L'Hér., Benth. l. c. p. 297. — 1 Sp., endemisch in Australien.
Oxalis Linn., Benth. l. c. p. 300. — 2 Sp., die eine auch in Neuseeland und im antarctischen Amerika, die andere von grosser Verbreitung in verschiedenen Theilen der Erde.

Ord. Zanthoxyleae.

Zanthoxylum Linn., Benth. l. c. p. 362 — 3 Sp., davon 2 endemisch, vorzugsweise im tropischen Australien, 1 auch in Norfolk.

Ord. Sapindaceae.

Cupania Linn., Benth. l. c. p. 457. — 9 Sp., sämmtlich endemisch, im tropischen Australien, meist in Queensland.

Ord. Leguminosae.

Psoralea Linn., Benth. l. c. II, p. 189. — 12 Sp., vorherrschend im tropischen Australien, mit Ausnahme einer auch im Monsumgebiet verbreiteten Art endemisch; einige derselben nahe verwandt Arten der Mediterran-Flora.

Neptunia Lour., Benth. l. c. p. 300. — 2 Sp., endemisch, vorzugsweise im tropischen Australien.

Petalostyles R. Brown., Benth. l. c. p. 291. — Monotype Gattung, nahe verwandt mit *Cassia*; im tropischen und Ost-Australien.

Labichea Gaudich., Benth. l. c. p. 292. — Die Gattung, der vorigen und *Cassia* nahe verwandt, enthält 5 Formen, von denen 3 in West-, die übrigen im tropischen Neuholland vorkommen.

Ord. Crassulaceae.

Tillaea Linn., Benth. l. c. II, p. 450. — 4 Sp., davon 2 endemisch, 2 auch in Neuseeland und von letzteren 1 auch im aussertropischen Südamerika. Ist die einzige Gattung dieser über den grössten Theil der Erde verbreiteten Ordnung in Australien.

Ord. Droseraceae.

Drosera Linn., Benth. l. c. p. 453. — 41 Sp., davon 33 endemisch, die übrigen auf das Monsumgebiet und Oceanien vertheilt, in welchen Gebieten die Gattung sowie in anderen vielleicht zum Hauptelement gehört. Von der I. Abtheilung *Rorella* (16 Sp.) sind 8 in West-Australien, die zweite Hälfte auf die übrigen Theile Australiens vertheilt. Die II. Abth. *Ergaleium* (25 Sp.) ist mit wenigen Ausnahmen auf West-Australien beschränkt.

Ord. Haloragcae.

Myriophyllum Linn., Benth. l. c. II, p. 486. — 13 Sp., vertheilt auf alle Gebiete Australiens; 9 Arten endemisch, die übrigen auch in Neuseeland und von den letzteren 1 auch im aussertropischen Südamerika.

Ord. Combretaceae.

Terminalia Linn., Benth. l. c. II, p. 498. — 18 Sp., sämmtlich im tropischen Australien und mit Ausnahme einer dem Monsumgebiete zufallenden Art endemisch.

Ord. Lythrarieae.

Lythrum Linn., Benth. l. c. III, p. 298. — 3 Sp., von diesen nur 1 endemisch und am meisten entsprechend einer südafrikanischen Art.

Epilobium Linn., Benth. l. c. p. 305. — 6 Sp., die Mehrzahl Hochgebirgspflanzen, 2 endemisch, 3 auch in Neuseeland, 1 europäischen Ursprungs.

Ludwigia Linn., Benth. l. c. p. 307. — 1 Sp. in Nord-Australien und Queensland, sowie von weiter Verbreitung im tropischen Asien und Afrika.

Ord. Cucurbitaceae.

Bryonia Linn., Benth. l. c. III, p. 319. — 1 Sp., im tropischen Neuholland und in N.-S.-Wales; im tropischen Asien und Afrika weit verbreitet.

Sicyos Linn., Benth. l. c. p. 321. — 1 Sp., von grösserer Verbreitung in Neuholland, im tropischen und Nordamerika, sowie auch in Oceanien.

Ord. *Umbelliferae*.

Hydrocotyle Linn., Benth. l. c. III, p. 337. — 26 Sp., vertheilt auf alle Gebiete Australiens. Mit Ausnahme von 2 in beiden Hemisphären weit verbreiteten Arten und einer auch in Neuseeland vorkommenden sämmtlich endemisch.

Apium Linn., Benth. l. c. p. 371. — 2 Sp., im tropischen und aussertropischen Australien, sowie überhaupt in der südlichen Hemisphäre verbreitet.

Ord. *Araliaceae*.

*Panax Linn., Benth. l. c. III, p. 380. — 7 Sp., sämmtlich endemisch in Ost-Australien

Ord. *Loranthaceae*.

*Loranthus Linn., Benth. l. c. p. 388. — 19 Sp., davon nur zwei mit dem Monsumgebiete gemein, die übrigen endemisch. Die Mehrzahl von ziemlich weiter Verbreitung in Australien, die Minderzahl im Westlichen. Die Gattung dürfte in mehreren Florengebieten Bestandtheil des Hauptelements sein.

Subclass. **MONOPETALAE.**

Ord. *Rubiaceae*.

Psychotria Linn., Benth. l. c. III, p. 426. — 6 Sp., alle endemisch und vorherrschend im tropischen Australien.

Ord. *Compositae*.

Conyza Linn., Benth. l. c. III, p. 496. — 2 Sp., im tropischen Australien, Asien und Afrika.

Cotula Linn., Benth. l. c. p. 547. — 9 Sp., davon 1 weit verbreitet in aussertropischen Theilen beider Hemisphären, 1 einheimisch in Südafrika und 1 in Neuseeland, die übrigen endemisch.

Helichrysum Benth. l. c. p. 612. — 52 Sp., alle endemisch, die Mehrzahl in Ost-Australien, und zwar vorherrschend in Victoria und Tasmanien, mehrere auch im tropischen Neuholland. Die Gattung ist dem Hauptelement der Cap-Flora einzureihen; in anderen Gebieten hauptsächlich der wärmeren gemässigten Region erscheint dieselbe als Bestandtheil der Nebenelemente.

Gnaphalium Linn., Benth. l. c. p. 652. — 8 Sp., davon 3 endemisch, 1 auch in Neuseeland, die übrigen weit verbreitet in der alten Welt, 2 der letzteren auch in Amerika.

Senecio Linn., Benth. l. c. p. 661. — 28 Sp., davon nur 1 auch in Neuseeland, die übrigen endemisch und mit Ausnahme Nord-Australiens auf alle Theile des Continents vertheilt.

Ord. *Campanulaceae*.

Lobelia Linn., Benth. l. c. IV, p. 122. — 18 Sp., davon 2 auch in Südafrika und von letzteren 1 auch in Neuseeland und im aussertropischen Südamerika; die übrigen endemisch. Das Geschlecht zählt in amerikanischen Floren und im Cap-Gebiete zum Haupt-, in anderen Floren zum Nebenelement.

Ord. *Plumbagineae*.

Aegialitis R. Brown, Benth. l. c. IV, p. 266. — Monotype Gattung, an den Seeküsten von Queensland und im Monsumgebiete.

Statice Linn., Benth. l. c. p. 266. — 1 Sp., in Ost-Australien, in Neu-Caledonien, China und Japan.

Plumbago Linn., Benth. l. c. p. 267. — 1 Sp., im tropischen Australien und in N.-S.-Wales; von grosser Verbreitung im Monsumgebiete und in Oceanien.

Ord. *Boragineae.*

Heliotropium Linn., Benth. l. c. p. 392. — 21 Sp., davon 16 endemisch. Letztere gehören nur zu den Sect. *Euheliotropium* und *Schleidenia* und kommen vorzugsweise im tropischen Neuholland vor. Die nicht endemischen Arten erscheinen zumeist in Ost- und Süd-Australien, z. B. das *H. europaeum* in N.-S.-Wales. Die Gattung fällt theils den Haupt-, theils den Nebenelementen mehrerer Floren zu.

Ord. *Asclepiadeae.*

Vincetoxicum Moench., Benth. l. c. IV, p. 330. — 4 Sp., endemisch in Queensland, Nord-Australien und N.-S.-Wales.

Cynanchum Linn., Benth. l. c. p. 331. — 4 Sp., endemisch in Queensland, Nord- und Süd-Australien.

Marsdenia R. Brown, Benth. l. c. p. 336. — 15 Sp. alle endemisch, meist in Queensland, Nord-Australien und N.-S.-Wales.

Ord. *Gentianeae.*

Limnanthemum Gmel., Benth. l. c. p. 378. — 7 Sp., mit Ausnahme einer in den meisten Tropengegenden verbreiteten Art sämmtlich endemisch.

Ord. *Convolvulaceae.*

Ipomoea Linn., Benth. l. c. IV, p. 412. — 38 Sp., sämmtlich im tropischen Australien, davon etwa 15 endemisch, die übrigen auch in verschiedenen tropischen Gebieten.

Convolvulus Linn., Benth. l. c. p. 428. — 6 Sp., vertheilt im tropischen und aussertropischen Australien, sämmtlich auch in verschiedenen tropischen und gemässigten Gebieten einheimisch.

Cuscuta Linn., Benth. l. c. p. 440. — 3 Sp., in Ost-Australien, davon 1 endemisch, 1 auch im tropischen Asien und 1 von weiter Verbreitung in Amerika, Asien und Europa.

Ord. *Scrophularineae.*

Gratiola Linn., Benth. l. c. IV, p. 492. — 3 Sp. vorherrschend in Ost-Australien, davon 1 endemisch, 2 auch in Neuseeland; eine der letzteren auch im aussertropischen Südamerika verbreitet. Die endemische Art nahe verwandt einer nordamerikanischen.

Vandellia Linn., Benth. l. c. p. 495. — 5 Sp., im tropischen Australien, mit Ausnahme einer in tropischen und subtropischen Gebieten der alten Welt sehr verbreiteten Art sämmtlich endemisch.

Hysanthes Rafin., Benth. l. c. p. 497. — 1 Sp., endemisch in Nord-Australien.

Ord. *Lentibularieae.*

Utricularia Linn., Benth. l. c. IV, p. 523. — 20 Sp. vertheilt im tropischen und aussertropischen Australien mit Ausnahme von Süd-Australien, davon 14 endemisch; etwa 6 auch im tropischen Asien und 1 auch in Neuseeland.

Polypompholyx Lehm., Benth. l. c. p. 532. — 2 Sp., endemisch in West-Australien.

Ord. *Bignoniaceae.*

Tecoma Juss., Benth. l. c. p. 536. — 2 Sp., hauptsächlich im tropischen Neuholland verbreitet, sehr eigenthümlich und fast für sich eine Gattung bildend (*Pandorea* Aut.). Die Gattung kommt auch in Westindien, im tropischen und in Nordamerika, Japan, Ostindien und Südafrika vor.

Spathodea Beauv., Benth. l. c. IV, p. 538. — 3 Sp., endemisch im tropischen Neuholland.

Ord. *Labiatae.*

Salvia Linn., Benth. l. c. V, p. 85. — 1 Sp. in Ost-Australien und gemein im Monsungebiet, bis in das chinesisch-japanesische Gebiet übergreifend.

Prunella Linn., Benth. l. c. p. 86. — 1 Sp., in Ost- und Süd-Australien verbreitet, zugleich gemein in Europa, Nordasien und Nordamerika; erscheint auch in den Gebirgsregionen des tropischen Asiens und Südamerika's.

Subclass. **MONOCHLAMYDEAE.**

Ord. *Chenopodiaceae.*

Chenopodium Linn., Benth. l. c. V, p. 157. — 12 Sp., davon etwa 8 endemisch, die übrigen meist eingeschleppt.

Atriplex Linn., Benth. l. c. p. 165. — 30 Sp., auf alle Gebiete des Continents vertheilt; mit Ausnahme von 2 auch in Neuseeland gefundenen Arten und 1 aus Europa eingeschleppten sämmtlich endemisch. Von letzteren 1 nahe verwandt einer oceanischen und 1 vollkommen entsprechend einer südafrikanischen Art.

Kochia Schrad., Benth. l. c. p. 183. - 15 Sp., endemisch in verschiedenen Theilen Australiens.

Chenolea Thunb., Benth. l. c. p. 189. — 6 Sp., endemisch, vorherrschend in Ost-Australien.

Salicornia Linn., Benth. l. c. p. 201. — 7 Sp., davon 1 auch in Neuseeland, die übrigen endemisch; eine der letzteren sehr nahe verwandt oder vielleicht übereinstimmend mit einer ostindischen Art.

Ord. *Amaranthaceae.*

Amaranthus Linn., Benth. l. c. V, p. 212. — 10 Sp., davon 7 endemisch, die übrigen von weiter Verbreitung in der alten und neuen Welt.

Achyranthes Linn., Benth. l. c. V, p. 246. — 1 Sp. im tropischen Neuholland und weit verbreitet in den tropischen und subtropischen Gebieten der alten Welt.

Alternanthera R. Brown, Benth. l. c. p. 248. — 8 Sp., davon 1 auch weit verbreitet im tropischen Asien und Afrika, die übrigen endemisch.

Ord. *Polygonaceae.*

Rumex Linn., Benth. l. c. V, p. 262. — 8 Sp., davon 5 endemisch, die übrigen eingeschleppt aus Europa und Südafrika.

*Polygonum Linn., Benth. l. c. p. 266. — 13 Sp., auf alle Gebiete Australiens vertheilt, jedoch nur 1 Art endemisch, die übrigen sehr verschiedenen Ursprungs.

Ord. *Laurineae.*

Hernandia Linn., Benth. l. c. V, p. 313. — 2 Sp., in Queensland, eine derselben endemisch, die andere von grosser Verbreitung in der alten Welt.

Ord. *Euphorbiaceae.*

Euphorbia Linn., Benth. l. c. VI. p. 44. — 18 Sp., vorzugsweise in Nord-Australien, Queensland und N.-S.-Wales; davon 1 gemein in allen Tropengegenden, 3 im Monsungebiet und Oceanien sehr verbreitet, die übrigen endemisch; einige der letzteren nahe verwandt mit ostindischen Arten.

Andrachne Linn., Benth. l. c. VI, p. 87. — 1 Sp., meist im tropischen Neuholland, auch im Monsumgebiete.

*Phyllanthus Linn., Benth. l. c. p. 93. — 41 Sp., hauptsächlich im tropischen Australien verbreitet; davon 4 ident sch mit in Asien weit verbreiteten Arten, die übrigen endemisch.

Croton Linn., Benth. l. c. p. 123. — 9 Sp., im tropischen Australien; davon 2 auch in Oceanien verbreitet, die übrigen endemisch.

*Acalypha Linn., Benth. l. c. p. 134. — 3 Sp., endemisch in Queensland und N.-S.-Wales.

Alchornea Swartz, Benth. l. c. p. 136. — 2 Sp., endemisch in Queensland und N.-S.-Wales.

Tragia Linn., Benth. l. c. p. 137. — 1 Sp., endemisch in Queensland.

Excoecaria Linn., Benth. l. c. p. 152. — 3 Sp. im tropischen Australien, davon 1 gemein an den Meeresküsten des tropischen Asien, die übrigen endemisch.

Ord. *Urticeae*.

*Celtis Linn., Benth. l. c. VI. p. 155. — 2 Sp., im tropischen Australien und im Monsungebiet.
Trema Lour., Benth. l. c. p. 157. — 3 Sp., im tropischen Australien, davon 2 auch im Monsungebiet, 1 endemisch.
*Ficus Linn., Benth. l. c. p. 160. — 34 Sp., fast sämmtlich im tropischen Australien, davon etwa 24 endemisch, die übrigen auch im Monsungebiet und in Oceanien.
Boehmeria Jacq., Benth. l. c. p. 184. — 1 Sp., endemisch in N.-S.-Wales.
Pouzolzia Gaudich., Benth. l. c. p. 186. — 2 Sp., im tropischen Australien und in Ostindien.
Parietaria Linn., Benth. l. c. p. 187. — 1 Sp., in allen Gebieten des Continents und von grosser Verbreitung in der alten und neuen Welt.
*Urtica Linn., Benth. l. c. p. 190. — 1 Sp., im tropischen und aussertropischen Australien, sowie auch in Neuseeland; entspricht einer in der nördlichen Hemisphäre gemeinen Art.

Ord. *Piperaceae*.

Piper Linn., Benth. l. c. VI. p. 203. — 6 Sp., in Queensland und N.-S.-Wales; davon 4 endemisch, 1 auch in Oceanien und 1 in allen Tropengegenden verbreitet.

Ord. *Aristolochiaceae*.

*Aristolochia Linn., Benth. l. c. VI. p. 207. — 5 Sp., hauptsächlich in Queensland und N.-S.-Wales, mit Ausnahme einer im Monsungebiet weit verbreiteten Art endemisch.

Subclass. **GYMNOSPERMAE**.

Ord. *Coniferae*.

*Podocarpus L'Her., Benth. l. c. VI. p. 246. — 4 Sp., endemisch, vorzugsweise in Ost-Australien.

Class. **MONOCOTYLEDONES**.

Ord. *Hydrocharideae*.

Vallisneria Linn., Benth. l. c. VI. p. 258. — 1 Sp., fast in allen Theilen Australiens und überhaupt sowohl in den tropischen als auch in den gemässigten Gegenden der Erde verbreitet.

Ord. *Scitamineae*.

Amomum Linn., Benth. l. c. VI. p. 263. — 1 Sp., endemisch in Queensland.
Costus Linn., Benth. l. c. p. 266. — 1 Sp., endemisch in Queensland.

Ord. *Orchideae*.

Dendrobium Swartz, Benth. l. c. VI. p. 275. — 24 Sp., fast alle endemisch im tropischen Neuholland.
Bolbophyllum Thou., Benth. l. c. p. 286. — 6 Sp., endemisch in Queensland und N.-S.-Wales.
Cymbidium Swartz, Benth. l. c. p. 302. — 3 Sp., endemisch im tropischen Australien.
Epipogum Gmel., Benth. l. c. p. 308. — 1 Sp., auch im tropischen Asien und Afrika.
Goodyera R. Brown, Benth. l. c. p. 312. — 2 Sp., in Queensland, davon 1 auch im tropischen Asien, die andere endemisch.
Spiranthes Rich., Benth. l. c. p. 313. — 1 Sp., weit verbreitet in Asien; auch in Europa.
Habenaria R. Brown, Benth. l. c. p. 395. — 5 Sp., im tropischen Australien; davon 3 endemisch, die übrigen auch in Ostindien.

Ord. Burmanniaceae.

Burmannia Linn., Benth. l. c. VI, p. 397. — 2 Sp., in Nord-Australien, Queensland und N. S.-Wales, 1 auch im Monsungebiet, 1 vielleicht endemisch.

Ord. Taccaceae.

Tacca Forst., Benth. l. c. VI, p. 459. — 1 Sp., im tropischen Neuholland, sowie im Monsungebiet und in Oceanien.

Ord. Juncaceae.

Luzula De Cand., Kunth l. c. III, p. 296. — 1 Sp., von grosser Verbreitung in allen Welttheilen.
*Juncus Linn., Kunth l. c. p. 315. — 4 Sp., endemisch in Ost-Australien.

Ord. Alismaceae.

Alisma Linn., Kunth l. c. III, p. 146. — 1 Sp., von grosser Verbreitung.

Ord. Juncagineae.

Triglochin Linn., Kunth l. c. III, p. 146. — 5 Sp., endemisch in Australien.

Ord. Fluviales.

*Potamogeton Linn., Kunth l. c. III, p. 127. — 3 Sp., von grosser Verbreitung.
Posidonia Koenig, Kunth l. c. p. 121. — 2 Sp., eine derselben endemisch in Australien.
Cymodocea Koenig, Kunth l. c. p. 118. — 1 Sp., an den australischen Küsten.
*Najas Linn., Kunth l. c. III, p. 111. — 1 Sp., endemisch in Australien.

Ord. Typhineae.

*Sparganium Linn., Kunth l. c. III, p. 88. — 1 Sp., endemisch in Australien.

Ord. Aroideae.

Dracontium Linn., Kunth l. c. III, p. 83. — Monotype Gattung, auch im tropischen Asien und in Surinam.

Ord. Lemnaceae.

*Lemna Schleid., Kunth l. c. III, p. 4. — 2 Sp., von grosser Verbreitung.

Ord. Cyperaceae.

*Carex Linn., Kunth l. c. II, p. 368. — 10 Sp., endemisch in Australien.
Scleria Linn., Kunth l. c. p. 339. — 4 Sp., endemisch.
Cladium R. Brown., Kunth l. c. p. 303. — Einige zweifelhafte Arten endemisch.
Lipocarpha R. Brown., Kunth l. c. p. 266. — 1 Sp., endemisch in Australien.
Isolepis R. Brown., Kunth l. c. p. 187. — 10 Sp., davon 3—4 endemisch, die übrigen auch in verschiedenen anderen Gebieten, einige nur noch am Cap.
Fuirena Rottb., Kunth l. c. p. 180. — 1 Sp., endemisch in Australien, 1 auch in verschiedenen anderen Gebieten.
*Scirpus R. Brown., Kunth l. c. p. 157. — 2 Sp., von grosser Verbreitung.
Eleocharis R. Brown., Kunth l. c. p. 139. — 8 Sp., davon 6 endemisch in Australien.
Remirea Aubl., Kunth l. c. p. 138. — 1 Sp., wahrscheinlich endemisch.
Mariscus Vahl., Kunth l. c. p. 115 — 4 Sp., endemisch in Australien.
*Cyperus Linn., Kunth l. c. p. 2. — 12 Sp., in vielen Gebieten Australiens; die grösste Mehrzahl endemisch.

Ord. Gramineae.

Ischaemum Linn., Kunth l. c. I, p. 511. — 5 Sp., endemisch in Australien.
Andropogon Linn., Kunth l. c. p. 485. — 18 Sp., endemisch in Australien.
Anthistiria Linn., Kunth l. c. p. 481. — 2 endemische Sp.
Hemarthria R. Brown, Kunth l. c. p. 464. — 1 Sp., endemisch.
Triticum Linn., Kunth l. c. p. 438. — 2 Sp., endemisch.
Lolium Linn., Kunth l. c. p. 435. — 1 Sp., von grosser Verbreitung.
Poa Linn., Kunth l. c. p. 324. — 21 Sp., endemisch in Australien.
Dactyloctenium Willd., Kunth l. c. p. 261. — 1 Sp., endemisch.
Cynodon Rich., Kunth l. c. p. 259. — 1 Sp., von grosser Verbreitung.
Microchloa R. Brown, Kunth l. c. p. 258. — Monotype Gattung, auch im tropischen Amerika und in Ostindien.
Pappophorum Schreb., Kunth l. c. p. 254. — 5 Sp., endemisch in Australien.
*Phragmites Trin., Kunth l. c. p. 250. — 1 Sp., von grosser Verbreitung.
*Arundo Linn., Kunth l. c. p. 246. — 1 Sp., zweifelhaft.
Agrostis Linn., Kunth l. c. p. 217. — 10 Sp., 9 endemisch, 1 auch in Neuseeland.
Sporobolus R. Brown, Kunth l. c. p. 209. — 4 Sp., davon 2 endemisch in Australien, 1 auch in Westindien und Nordamerika und 1 von grosser Verbreitung.
Stipa Linn., Kunth l. c. p. 179. — 12 Sp., endemisch in Australien.
Cenchrus Beauv., Kunth l. c. p. 165. — 2 Sp., endemisch.
Setaria Beauv., Kunth l. c. p. 149. — 1 Sp., von grosser Verbreitung.
Oplismenus Beauv., Kunth l. c. p. 138. — 5 Sp., davon 3 endemisch, 1 auch im Monsungebiet und in Oceanien und 1 von grosser Verbreitung in allen Welttheilen.
*Panicum Linn., Kunth l. c. p. 75. — 34 Sp., darunter nur 1 von grosser Verbreitung, die sämmtlichen übrigen endemisch in Neuholland.
Eriochloa Humb. et Kunth l. c. p. 71. — 1 Sp., auch in Westindien, in Mexiko, im wärmeren Nordamerika und in Senegambien.

Anhang.

a) Aus dem Monsungebiet eingewanderte Gattungen.

Ord. Menispermaceae.

Pericampylus Miers., Benth. l. c. I, p 56. — 1 Sp., in Queensland und N.-S.-Wales; im Monsungebiet sehr verbreitet, daher wahrscheinlich von diesem aus nach Australien, sowie auch in das südliche China gewandert.
Stephania Lour., Benth. l. c. p. 57. — 1 Sp., im tropischen und aussertropischen Australien verbreitet.
Cocculus Forst., Benth. l. c. p. 92. — 1 Sp., in Nord-Australien.

Ord. Nymphaeaceae.

Nelumbium Juss., Benth. l. c. p. 62. — 1 Sp., weit verbreitet in den wärmeren Gebieten Asiens.

Ord. Polygaleae.

Salomonia Lour., Benth. l. c. p. 138. — 1 Sp. in Queensland; im Monsungebiet sehr verbreitet.

Ord. *Guttiferae.*

Calophyllum Linn., Benth. l. c. p. 183. — 1 Sp., in Queensland; im Monsumgebiet sehr verbreitet.

Ord. *Malvaceae.*

Thespesia Corr., Benth. l. c. p. 221. — 1 Sp., im tropischen Neuholland; im Monsumgebiet weit verbreitet.
Bombax Linn., Benth. l. c. I, p. 223. — 1 Sp., in Nord-Australien und Ostindien.

Ord. *Stereuliaceae.*

Melhania Forsk., Benth. l. c. I, p. 233. — 1 Sp., im tropischen Australien; aus Ostindien stammend und tropisch-afrikanischen Arten nächstverwandt.
Heritiera Ait., Benth. l. c. p. 231. — 1 Sp., in Queensland; im Monsumgebiet von grosser Verbreitung.
Pterospermum Schreb., Benth. l. c. p. 233. — 1 Sp., in N.-S.-Wales.
Melochia Linn., Benth. l. c. I, p. 235. — 1 Sp., in Nord-Australien und gemein in Ostindien.
Abroma Jacq., Benth. l. c. p. 236. — 1 Sp., in Queensland.

Ord. *Tiliaceae.*

Berrya Roxb., Benth. l. c. p. 268. — Monotype Gattung, in Queensland; gemein im tropischen Asien.

Ord. *Malpighiaceae.*

Ryssopterys Blume, Benth. l. c. p. 285. — 1 Sp., in Queensland.
Tristellateia Thouars, Benth. l. c. p 286. — 1 Sp., in Queensland und im Monsumgebiet. Die Gattung ist Bestandtheil des Haupt-Florengliedes dieses und des oceanischen Gebietes.

Ord. *Rutaceae.*

Glycosmis Corr., Benth. l. c. p. 367. — 1 Sp., in Queensland; im Monsumgebiet weit verbreitet.
Micromelum Blume, Benth. l. c. p. 368. — 1 Sp., im tropischen Australien.

Ord. *Simarubaceae.*

Brucea Mill., Benth. l. c. p. 375. — 1 Sp., in Nord-Australien, von grösserer Verbreitung im Monsumgebiet.
Harrisonia R. Brown, Benth. l. c. p. 376. — 1 Sp., in Nord-Australien.

Ord. *Burseraceae.*

Garuga Roxb., Benth. l. c. p. 377. — 1 Sp., in Nord-Australien.

Ord. *Meliaceae.*

Turraea Linn., Benth. l. c. p. 379. — 1 Sp., in Queensland.
Melia Linn., Benth. l. c. p. 380. — 1 Sp., im tropischen Australien und in N.-S.-Wales.
Carapa Aubl., Benth. l. c. p. 386. — 1 Sp., im tropischen Australien.
Cedrela Linn., Benth. l. c. p. 387. — 1 Sp., in Queensland und N.-S.-Wales.

Ord. *Olacineae.*

Cansjera Juss., Benth. l. c. p. 393. — 1 Sp., in Queensland.
Opilia Roxb., Benth. l. c. p. 394. — 1 Sp., in Nord-Australien.

Ord. **Celastrineae.**

Gymnosporia W. et Arn., Benth. l. c. p. 400. — 1 Sp., in Queensland, auch in Ostindien und im tropischen Afrika.

Hippocratea Linn., Benth. l. c. p. 404. — 1 Sp., in Queensland und N.-S.-Wales; ist im Monsumgebiet weit verbreitet.

Ord. **Rhamneae.**

Colubrina L. C. Rich., Benth. l. c. p. 413. — 1 Sp., in Queensland, gemein im tropischen Asien. Die Gattung zählt zu dem amerikanischen Neben-Florengliede des Monsumgebietes.

Ord. **Ampelideae.**

Leea Linn., Benth. l. c. p. 451. — 1 Sp., im tropischen Australien, zugleich von grosser Verbreitung im tropischen Asien und Afrika.

Ord. **Sapindaceae.**

Erioglossum Blume, Benth. l. c. p. 454. — 1 Sp., in Nord-Australien und sehr verbreitet im Monsumgebiet.

Schmidelia Linn., Benth. l. c. p. 455. — 1 Sp., in Nord-Australien, weit verbreitet im Monsumgebiet. Die Gattung gehört dem amerikanischen Neben-Florengliede des letzteren an.

Ord. **Anacardiaceae.**

Buchanania Roxb., Benth. l. c. p. 489. — 1 Sp., im tropischen Australien und in Ostindien.

Semecarpus Linn. f., Benth. l. c. p. 491. — 1 Sp., in Nord-Australien und Ostindien.

Ord. **Leguminosae.**

Rothia Pers., Benth. l. c. II. p. 185. — 1 Sp., in Nord-Australien und Ostindien.

Ormocarpum Beauv., Benth. l. c. p. 225. — 1 Sp., in Queensland und im tropischen Asien.

Smithia Ait., Benth. l. c. p. 227. — 1 Sp., im tropischen Neuholland; sehr verbreitet in Ostindien.

Aeschynomene Linn., Benth. l. c. p. 226. — 1 Sp., im tropischen Australien; weit verbreitet im tropischen Asien und Afrika.

Pycnospora R. Brown, Benth. l. c. p. 236. — Monotype Gattung, im tropischen Australien und von grosser Verbreitung im Monsumgebiet.

Lourea Neck., Benth. l. c. p. 238. — 1 Sp., in Nord-Australien, einheimisch im tropischen Asien.

Alysicarpus Neck., Benth. l. c. p. 238. — 3 Sp., im tropischen Neuholland und in Ostindien.

Mucuna Adans., Benth. l. c. p. 254. — 1 Sp., im tropischen Neuholland und in N. S.-Wales; hat eine grosse Verbreitung im Monsumgebiet.

Dolichos Linn., Benth. l. c. p. 260. — 1 Sp., in Nord-Australien, im Monsum- und Cap-Gebiet verbreitet, vielleicht aus letzterem ursprünglich stammend.

Dunbaria W. et Arn., Benth. l. c. p. 261. — 1 Sp., in Queensland und im ganzen Monsumgebiet.

Erioseema De Cand., Benth. l. c. p. 267. — 1 Sp., im tropischen Australien und von grosser Verbreitung im Monsumgebiet und in Süd-China.

Abrus Linn., Benth. l. c. p. 270. — 1 Sp., im tropischen Neuholland, aber besonders verbreitet im Monsumgebiet.

Derris Lour., Benth. l. c. p. 272. — 2 Sp., vorzugsweise im tropischen Australien, aber wohl vom Monsumgebiet aus dahin gewandert.

Pongamia Vent., Benth. l. c. p. 273. — Monotype Gattung, im tropischen Asien weit verbreitet; auch im tropischen Australien.

Caesalpinia Linn., Benth. l. c. p. 277. — 1 Sp., in Queensland; von grosser Verbreitung im Monsumgebiet.

Peltophorum Vog., Benth. l. c. p. 279. — 1 Sp., in Nord-Australien, wohl aus dem Monsungebiete eingewandert.

Cynometra Linn., Benth. l. c. p. 296. — 1 Sp., in Queensland, und von grosser Verbreitung im ganzen Monsumgebiet.

Entada Adams., Benth. l. c. p. 297. — 1 Sp., in Queensland und weit verbreitet im tropischen Asien, Afrika und Westindien.

Ord. *Rhizophoreae*.

Rhizophora Linn., Benth. l. c. p. 493. — 1 Sp., im tropischen Australien, und von grosser Verbreitung im tropischen Afrika und Asien.

Ceriops Arn., Benth. l. c. p. 493. — 1 Sp., im tropischen Australien und von grosser Verbreitung im Monsumgebiet.

Bruguiera Lam., Benth. l. c. p. 494. — 2 Sp., im tropischen Australien und Asien.

Carallia Roxb., Benth. l. c. p. 495. — 1 Sp., im tropischen Australien und von weiter Verbreitung im Monsumgebiet.

Ord. *Combretaceae*.

Lumnitzera Willd., Benth. l. c. p. 503. — 2 Sp., im tropischen Australien und von grosser Verbreitung im tropischen Asien und Afrika.

Ord. *Myrtaceae*.

Nelitris Gaertn., Benth. l. c. III, p. 279. — 1 Sp., in Queensland und weit verbreitet im Monsumgebiet.

Barringtonia Forst., Benth. l. c. p. 287. — 2 Sp., im tropischen Neuholland; im Monsumgebiet und in Oceanien verbreitet.

Careya Roxb., Benth. l. c. p. 289. — 1 Sp., im tropischen Neuholland und in Ostindien.

Ord. *Melastomaceae*.

Otanthera Blume, Benth. l. c. III, p. 291. — 1 Sp., in Queensland und von grösserer Verbreitung im Monsumgebiet.

Melastoma Linn., Benth. l. c. p. 192. — 1 Sp., im tropischen Australien und in N.-S.-Wales; im Monsumgebiet weit verbreitet.

Memecylon Linn., Benth. l. c. p. 293. — 1 Sp., im tropischen Australien, auch in Ostindien und auf Ceylon; in letzterem Gebiete besonders viele Arten dieser Gattung.

Ord. *Lythrarieae*.

Pemphis Forst., Benth. l. c. III p. 300. — Monotype Gattung, im tropischen Australien und Asien, sowie auf den Inseln des stillen Meeres verbreitet.

Lawsonia Linn., Benth. l. c. p. 300. — Monotype Gattung, in Nord-Australien, sowie auch im tropischen und subtropischen Asien und Afrika.

Sonneratia Linn. f., Benth. l. c. p. 301. — 1 Sp., in Nord-Australien und im Monsumgebiet.

Ord. *Cucurbitaceae*.

Lagenaria Ser., Benth. l. c. III, p. 315. — Monotype Gattung, in Queensland, dann im tropischen Asien und Afrika.

Cucumis Linn., Benth. l. c. p. 317. — 1 Sp., im tropischen Australien und in N.-S.-Wales, sowie im Monsungebiete.

Luffa Cav., Benth. l. c. p. 316. — 2 Sp., im tropischen Australien und im Monsungebiet, 1 auch im tropischen Afrika verbreitet.

Momordica Linn., Benth. l. c. p. 318. — 1 Sp., in Queensland und von grosser Verbreitung in Asien und Afrika.

Mukia Arn., Benth. l. c. p. 321. — 1 Sp., im tropischen Australien, Asien und Afrika.

Ord. *Araliaceae*.

Heptapleurum Gaertn., Benth. l. c. p. 384. — 1 Sp., in Queensland und in Ostindien.

Ord. *Loranthaceae*.

Viscum Linn., Benth. l. c. p. 395. — 3 Sp., meist in Queensland und im Monsungebiet verbreitet.

Ord. *Rubiaceae*.

Sarcocephalus Afz., Benth. l. c. p. 402. — 1 Sp., im tropischen Neuholland, zugleich im Monsungebiet.

Timonius Rumph., Benth. l. c. p. 417. — 1 Sp., im tropischen Neuholland und im Monsungebiet.

Scyphiphora Gaertn., Benth. l. c. p. 417. — Monotype Gattung, in Queensland und im Monsungebiet.

Lasianthus Jack., Benth l. c. p. 425. — 1 Sp., in Queensland und im Monsungebiet.

Knoxia Linn., Benth l. c. p. 438. — 1 Sp., in Queensland und im tropischen Asien.

Ord. *Compositae*.

Saussurea De Cand., Benth. l. c. III. p. 456. — 1 Sp., in Queensland und N.-S.-Wales; gemein in Ostindien.

Sphaeranthus Willd., Benth l. c. p. 521. — 2 Sp., im tropischen Australien, von grosser Verbreitung im Monsungebiet.

Spilanthes Linn., Benth. l. c. p. 541. — 2 Sp., vorzugsweise im tropischen Australien und im Monsungebiet verbreitet.

Enhydra Lour., Benth. l. c. p. 546. — 1 Sp., in N.-S.-Wales und gemein in Ostindien und dem indischen Archipel.

Gynura Cass., Benth. l. c. p. 661. — 1 Sp., in Queensland und im tropischen Asien.

Crepis Linn., Benth. l. c. p. 678. — 1 Sp., in Ost-Australien, gemein in Ostindien.

Ord. *Myrsineae*.

Aegiceras Gaertn., Benth l. c. IV, p. 277. — 1 Sp., im tropischen Australien und in N.-S.-Wales; zugleich weit verbreitet im Monsungebiet und in Oceanien.

Ord. *Apocyneae*.

Cerbera Linn., Benth. l. c. p. 306. — 1 Sp., in Queensland und von grosser Verbreitung im Monsungebiet und in Oceanien.

Ichnocarpus R. Brown, Benth. l. c. p. 315. — 1 Sp., in Queensland und sehr häufig im Monsungebiet.

Ord. Asclepiadeae.

Dischidia R. Brown, Benth. l. c. p. 345. — 1 Sp., in Queensland, auch in Ostindien und dem indischen Archipel.

Ceropegia Linn., Benth. l. c. p. 347. — 1 Sp., in Queensland und im indischen Archipel.

Ord. Loganiaceae.

Mitreola Linn., Benth. l. c. p. 349. — 1 Sp., in Nord-Australien, auch im tropischen Asien verbreitet.

Ord. Gentianeae.

Canscora Lam., Benth. l. c. p. 372. — 1 Sp., im tropischen Australien; von grosser Verbreitung im tropischen Asien.

Ord. Boragineae.

Cordia Linn., Benth. l. c. p. 385. — 3 Sp., alle im tropischen Neuholland und theils im Monsungebiet, theils in Oceanien verbreitet.

Coldenia Linn., Benth. l. c. p. 391. — 1 Sp., in Nord- und Süd-Australien; von grosser Verbreitung im tropischen Asien und Afrika.

Trichodesma R. Brown, Benth. l. c. p. 404. — 1 Sp., im tropischen und aussertropischen Australien, sowie im Monsungebiet und im tropischen Afrika verbreitet.

Ord. Convolvulaceae.

Erycibe Roxb., Benth. l. c. p. 411. — 1 Sp., in Queensland und im Monsungebiet.

Ord. Scrophularineae.

Mazus Lour., Benth. l. c. p. 483. — 1 Sp., im aussertropischen Australien und in Neuseeland. Diese Art ist verwandt einer im Monsungebiet sehr verbreiteten.

Limnophila R. Brown, Benth. l. c. p. 489. — 4 Sp., im tropischen Australien und im Monsungebiet, eine auch im tropischen Afrika verbreitet.

Herpestes Gaertn. f., Benth. l. c. p. 491. — 2 Sp., im tropischen Australien, davon 1 gemein in allen Tropengegenden und die andere im tropischen Asien und Afrika verbreitet. Das Geschlecht vorherrschend amerikanisch.

Deputrium Hamilt., Benth. l. c. p. 494. — 1 Sp., in Queensland, auch gemein in Ostindien.

Sopubia Hamilt., Benth. l. c. p. 512. — 1 Sp., im tropischen Australien; weit verbreitet im Monsungebiet, auch in Oceanien.

Centranthera R. Brown, Benth. l. c. p. 513. — 1 Sp., im tropischen Australien und in N.-S.-Wales; von grosser Verbreitung im tropischen Asien.

Ord. Acanthaceae.

Ebermaiera Nees, Benth. l. c. p. 544. — 1 Sp., in Nord-Australien, gemein im Monsungebiet.

Hygrophila R. Brown, Benth. l. c. — 1 Sp., im tropischen Australien, gemein im tropischen Asien.

Acanthus Linn., Benth. l. c. p. 548. — 1 Sp., im tropischen Australien und Asien.

Graptophyllum Nees, Benth. l. c. p. 551. — 1 Sp., in Queensland, auch im Monsungebiet.

Dicliptera Juss., Benth. l. c. p. 552. — 2 Sp., im tropischen Australien; auch in Timor.

Hypoestes R. Brown, Benth. l. c. p. 553. — 1 Sp., im tropischen und aussertropischen Australien, identisch mit einer Art des Monsungebietes.

Ord. *Labiatae.*

Orthosiphon Benth. l. c. V, p. 76. — 1 Sp., in Queensland und im Monsumgebiet.
Coleus Lour., Benth. l. c. p. 79. — 1 Sp., in Nord-Australien, übereinstimmend mit einer im indischen Archipel einheimischen Art.
Dysophylla Blume. Benth. l. c. p. 81. — 1 Sp., im tropischen Australien und im Monsumgebiet.

Ord. *Nyctagineae.*

Boerhavia Linn., Benth. l. c. V, p. 277. — 2 Sp., im tropischen und aussertropischen Australien, beide im Monsumgebiet weit verbreitet, 1 auch in Afrika.

Ord. *Laurineae.*

Cinnamomum Burm., Benth. l. c. p. 303. — 1 Sp., in Queensland und Ostindien.

Ord. *Thymeleae.*

Wickstroemia Endl., Benth. l. c. VI, p. 36. — 1 Sp., im tropischen Australien und in N.-S.-Wales; auch im Monsumgebiet, in China und Oceanien verbreitet.

Ord. *Euphorbiaceae.*

Securinega Juss., Benth. l. c. VI, p. 115. — 2 Sp., im tropischen Australien, beide gemein in Ostindien, 1 auch im tropischen Afrika.

Ord. *Elaeagneae.*

Elaeagnus Linn., Benth. l. c. VI, p. 39. — 1 Sp., in Queensland, ursprünglich einheimisch im Monsumgebiet.
Codiaeum Rumph., Benth. l. c. p. 117. — 1 Sp., in Queensland. In derselben Varietät auch in Timor und Java; die Art aber weit verbreitet in Ostindien und dem Archipel, sowie die wenigen übrigen dieser Gattung.
Sebastiania Spreng., Benth. l. c. p. 151. — 1 Sp., im tropischen Australien, im Monsumgebiet und im tropischen Asien weit verbreitet.

Ord. *Urticeae.*

Aphananthe Planch., Benth. l. c. p. 159. — Monotype Gattung, in Queensland und N.-S.-Wales, auch im Monsumgebiet.
Cudrania Trec., Benth. l. c. p. 178. — 1 Sp., in Queensland und N.-S.-Wales; von grosser Verbreitung im Monsumgebiet.

Ord. *Hydrocharideae.*

Blyxa Thou., Benth. l. c. p. 258. — 1 Sp., im tropischen und in Süd-Australien, auch im Monsumgebiet.

Ord. *Scitamineae.*

Tapeinocheilos Miq., Benth. l. c. p. 267. — Monotype Gattung, in Queensland und im Monsumgebiet.

Ord. *Orchideae.*

Phreatia Lindl., Benth. l. c. p. 289. — 1 Sp., in Queensland, auch in Norfolk. Die Gattung im Monsumgebiet und Oceanien verbreitet.
Pholidota Lindl., Benth. l. c. p. 290. — 1 Sp., in Queensland, im Monsumgebiet weit verbreitet.

Vanda R. Brown, Benth. l. c. p. 297. — 1 Sp., in Nord-Australien, auch im Monsumgebiet.
Calanthe R. Brown, Benth. l. c. p. 305. — 1 Sp., in Queensland und N.-S.-Wales; auch im Monsumgebiet.
Corymbis Thou., Benth. l. c. p. 311. — 1 Sp., in Queensland und im Monsumgebiet.
Romphidia Lindl., Benth., l. c. p. 312. — 1 Sp., in Queensland und im Monsumgebiet.

Ord. *Amaryllideae*.

Curculigo Gaertn., Benth. l. c. p. 447. — 2 Sp., vorzugsweise im tropischen Neuholland; weit verbreitet im Monsumgebiet.

Ord. *Juncaceae*.

Flagellaria Linn., Kunth l. c. III, p. 369. — Monotype Gattung, auch im Monsumgebiet, in Oceanien, Cochinchina und Guinea.

Ord. *Aroideae*.

Typhonium Schott, Kunth l. c. III, p. 25. — 2 Sp., auch im Monsumgebiet.

Ord. *Cyperaceae*.

Lepironia Rich., Kunth l. c. II, p. 366. — Monotype Gattung, auch in Ostindien und Madagascar.
Diplacrum R. Brown, Kunth l. c. p. 360. — Monotype Gattung, auch im Monsumgebiet.
Kyllingia Rottb., Kunth l. c. p. 127. — 1 Sp., auch im Monsumgebiet, in Oceanien und China.

Ord. *Gramineae*.

Zoysia Willd., Kunth l. c. I. p. 471. — Monotype Gattung, auch in Ostindien und auf Mauritius.
Ophiurus R. Brown, Kunth l. c. p. 464. — Monotype Gattung, auch in Malabarien.
Centhotheca Dess., Kunth l. c. p. 366. — Monotype Gattung, auch im Monsumgebiet und in Oceanien.

b) Aus dem oceanischen Florengebiet eingewanderte Gattungen.

Ord. *Anonaceae*.

Polyalthia Blume, Benth. l. c. I, p. 51. — 1 Sp., in Queensland und in Neu-Caledonien.

Ord. *Caryophylleae*.

Colobanthus Bartl., Benth. l. c. I, p. 160. — 2 Sp., in Victoria und Tasmanien, auch in Neuseeland und im antarctischen Amerika.

Ord. *Portulaceae*.

Claytonia Linn., Benth. l. c. I, p. 177. — 1 Sp., im aussertropischen Australien sehr verbreitet; auch in Neuseeland.

Ord. *Elatineae*.

Elatine Linn., Benth. l. c. I, p. 178. — 1 Sp., im tropischen und aussertropischen Australien; auch in Neuseeland und im antarctischen Amerika.

Ord. *Hypericineae*.

Hypericum Linn., Benth. l. c. I, p. 181. — 2 Sp., im tropischen und aussertropischen Australien, auch in Oceanien verbreitet.

Ord. Malvaceae.

Lagunaria G. Don., Benth. l. c. I, p. 218. — Monotyp, in Queensland und Norfolk.

Ord. Meliaceae.

Aglaia Lour., Benth. l. c. p. 382. — 1 Sp., in Nord-Australien, auch in Neu-Caledonien, Neu-Guinea und auf den Neuen Hebriden.

Ord. Saxifrageae.

Donatia Forst., Benth. l. c. I, p. 450. — 1 Sp., in Tasmanien und in Neuseeland.

Ord. Umbelliferae.

Crantzia Nutt., Benth. l. c. III, p. 374. — Monotype Gattung, im tropischen und aussertropischen Australien, dann auch in Neuseeland, im aussertropischen und antarctischen Amerika.

Oreomyrrhis Endl., Benth. l. c. p. 377. — 1 Sp., in Ost-Australien, in Neuseeland, auf den Anden und im antarctischen Amerika.

Ord. Rubiaceae.

Dentella Forst., Benth. l. c. III, p. 406. — Monotype Gattung, im tropischen Neuholland, Monsumgebiet, und in Oceanien verbreitet, von letzterem aus wahrscheinlich eingewandert.

Guettarda Linn., Benth. l. c. p. 419. — 1 Sp., im tropischen Australien und von grosser Verbreitung in Oceanien und im östlichen Afrika.

Ord. Compositae.

Celmisia Cass., Benth. l. c. III, p. 488. — 1 Sp., in Ost-Australien und in Neuseeland. Im letzteren und in der antarctischen Region kommen die wenigen übrigen Arten dieser Gattung vor.

Microseris Don., Benth. l. c. p. 676. — 1 Sp., im aussertropischen Australien sehr verbreitet und in Neuseeland.

Ord. Campanulaceae.

Wahlenbergia Schrad., Benth. l. c. IV, p. 137. — 2 Sp. Gebirgspflanzen, im aussertropischen, 1 auch im tropischen Australien; beide in Neuseeland und eine noch im Monsumgebiet verbreitet.

Ord. Jasmineae.

Olea Linn., Benth. l. c. IV, p. 297. — 1 Sp., in Queensland und N.-S.-Wales; kommt auch in Neu-Caledonien vor.

Ord. Euphorbiaceae.

Aleurites Forst., Benth. l. c. VI, p. 128. — 1 Sp. in Queensland; in Oceanien weit verbreitet.

Baloghia Endl., Benth. l. c. p. 148. — 2 Sp., vorzugsweise in Queensland; beide auch in Neu-Caledonien und 1 auch in Norfolk.

Ord. Urticeae.

Malaisia Blanco, Benth. l. c. VI, p. 180. — Monotype Gattung, im tropischen Australien und in N.-S.-Wales; von grösserer Verbreitung in Oceanien und im Monsumgebiet.

Pseudomorus Bureau, Benth. l. c. p. 181. — Monotype Gattung, in Queensland und N.-S.-Wales, sowie auch in Neu-Caledonien und Norfolk.

Fatoua Gaudich., Benth. l. c. p. 182. — 1 Sp., in Nord-Australien, auch in Oceanien und im Monsumgebiet verbreitet.

Pipturus Wedd., Benth. l. c. p. 185. — 1 Sp., in Queensland und N.-S.-Wales, von grösserer Verbreitung in Oceanien und im Monsumgebiet.

Ord. *Piperaceae.*

Peperomia Ruiz et Pav., Benth. l. c. VI, p. 205. — 2 Sp., in Ost-Australien, beide wahrscheinlich aus Oceanien eingewandert.

Ord. *Balanophoreae.*

Balanophora Forst., Benth. l. c. VI, p. 232. — 1 Sp., in Queensland und Oceanien.

Ord. *Gramineae.*

Hierochloa Gmel., Kunth l. c. I, p. 35. — 1 Sp. in Australien und in Oceanien verbreitet.